Temas Relevantes de Direitos Fundamentais

LEONARDO DE OLIVEIRA LOPES

WILSON MEDEIROS PEREIRA

(Organizadores)

Dados Internacionais de Catalogação na Publicação (CIP)

LOPES, Leonardo de Oliveira; PEREIRA, Wilson Medeiros (organizadores)

TEMAS RELEVANTES DE DIREITOS FUNDAMENTAIS. Leonardo de Oliveira Lopes e Wilson Medeiros Pereira (Orgs.). Seattle (EUA): KDP Amazon, 2021.15,24 x 22,86 cm. 162p.

ISBN: 979-85-021-0578-1

CDD- 340

ORGANIZADORES

LEONARDO DE OLIVEIRA LOPES

Especialista em Direito pelo Centro Universitário Metodista Izabela Hendrix/MG. Professor do Curso de Direito da Universidade Estadual de Montes Claros (Unimontes). Advogado. Assessor Jurídico do EM/11 RPM- PMMG

WILSON MEDEIROS PEREIRA

Mestre em Direito pela Universidade Estácio de Sá//RJ/Brasil. Professor do Curso de Direito da Universidade Estadual de Montes Claros (Unimontes). Juiz Federal lotado na Subseção Judiciária de Montes Claros (TRF1).

AUTORES DOS CAPÍTULOS

Ana Virgínia da Cruz Prais

André Thiago Veloso Maia

Clara Ferreira Alkimim

Leonardo de Oliveira Lopes

Margarida Alves Machado Guedes

Renata Duque Fagundes de Figueiredo

Wilson Medeiros Pereira

SUMÁRIO

APRESENTAÇÃO i

1 ANÁLISE DA CONSTITUCIONALIDADE DO COMPARTILHAMENTO DOS DADOS FISCAIS E BANCÁRIOS DO CONTRIBUINTE AO MINISTÉRIO PÚBLICO 1

Clara Ferreira Alkimim

Wilson Medeiros Pereira

2 JUDICIALIZAÇÃO DA SAÚDE: PERSPECTIVAS DA ATUAÇÃO DO PODER JUDICIÁRIO 44

André Thiago Veloso Maia

Leonardo de Oliveira Lopes

Renata Duque Fagundes de Figueiredo

Wilson Medeiros Pereira

3 "MANDA NUDES": AS QUESTÕES DE GÊNERO IMERSAS NA PROBLEMÁTICA DA EXPOSIÇÃO PORNOGRÁFICA NÃO CONSENTIDA 65

Ana Virgínia da Cruz Prais

Leonardo de Oliveira Lopes

4 TRIBUNAL DO JÚRI: CONSTITUCIONAL E (IM)PRESCINDÍVEL 111

Leonardo de Oliveira Lopes

Margarida Alves Machado Guedes

APRESENTAÇÃO

A presente publicação é fruto das pesquisas realizadas na execução do Projeto de Pesquisa "Os direitos fundamentais e o redimensionamento da Separação dos Poderes".

O Projeto foi institucionalizado pela Universidade Estadual de Montes Claros e contou com a participação dos Professores Leonardo de Oliveira Lopes e Wilson Medeiros Pereira, bem como de universitários do Curso de Direito da Unimontes.

Ao logo da pesquisa foram realizados diversos estudos, apresentações e publicações de artigos científicos. Nesta obra fizemos um compêndio das principais produções desenvolvidas.

A coletânea inclui a verificação da constitucionalidade da transferência de sigilo dos dados fiscais e bancários do contribuinte ao Ministério Público para fins penais; discorre sobre os desdobramentos da judicialização da saúde, abordando o papel do Poder Judiciário; o estudo das questões de gênero imersas na problemática da exposição pornográfica não consentida; e, traz uma relevante discussão a respeito da existência e imprescindibilidade do tribunal no júri, notadamente sobre a questão da motivação das decisões dos jurados.

Temas Relevantes de Direitos Fundamentais não visa esgotar os assuntos tratados, mas trazer o debate à baila e fomentar a análise por parte do leitor.

ANÁLISE DA CONSTITUCIONALIDADE DO COMPARTILHAMENTO DOS DADOS FISCAIS E BANCÁRIOS DO CONTRIBUINTE AO MINISTÉRIO PÚBLICO

Clara Ferreira Alkimim[1]

Wilson Medeiros Pereira[2]

Introdução

O direito à privacidade, tutelado entre os direitos fundamentais, implica na proteção da esfera íntima dos indivíduos para que possam usufruir da vida sem interferências do Estado ou de terceiros. Nada obstante, a privacidade encontra-se entre os principais direitos fundamentais infringidos durante diligências investigatórias,

---

1 Bacharel em Direito pela Universidade Estadual de Montes Claros (Unimontes). Assessora de Promotor de Justiça no Ministério Público de Minas Gerais (MPMG).

2 Mestre em Direito pela Universidade Estácio de Sá//RJ. Professor do Curso de Direito da Universidade Estadual de Montes Claros (Unimontes). Juiz Federal (TRF1).

tanto no âmbito cível quanto criminal, gerando as denominadas provas ilícitas.

Em especial à persecução criminal dos ilícitos tributários, costumam ser utilizadas técnicas de investigação financeira que demandam o acesso a dados bancários ou fiscais – abrangidos pelo direito à privacidade – do investigado para apurar sua capacidade econômica e a compatibilidade desta com as transações que realizou ou as informações fiscais que prestou à Administração Tributária.

Esses ilícitos penais tributários (como sonegação fiscal, crimes aduaneiros, dentre outros), que são da atribuição constitucional do Ministério Público apurar e buscar a tutela jurisdicional visto ser o titular da ação penal pública, podem ser constatados no curso da apuração dos ilícitos civis e administrativos atinentes à matéria tributária pelo Fisco. Nessa hipótese, cabe ao responsável pela investigação cível ou administrativa encaminhar a notícia crime ao *parquet* para que este possa formar a convicção sobre a autoria e a materialidade delitiva do fato.

Ocorre que a Administração Tributária, consoante a previsão da Lei Complementar nº 105/2001, possui a prerrogativa de poder acessar os dados bancários do contribuinte no exercício do seu legítimo dever de fiscalização e a representação penal aos órgãos de persecução criminal pode acabar contendo dados atinentes à vida privada do contribuinte sobre os quais a lei não autorizou, expressamente, a utilização no âmbito criminal.

Isso posto, o presente trabalho tem por objetiva analisar a constitucionalidade do compartilhamento de dados bancários e fiscais do contribuinte com o Ministério Público, para fins penais, obtidos pelo Fisco no legítimo exercício de seu dever de fiscalizar, sem a intermediação do Poder Judiciário.

Trata-se de relevante pesquisa, pois a violação do direito fundamental à privacidade, além de configurar grave ofensa ao próprio Estado Democrático de Direito, conduz à produção de provas ilícitas que devem ser desentranhadas do processo por, presumidamente, serem prejudicial aos investigados, infringindo as garantias constitucionalmente protegidas.

O presente trabalho evidencia-se importante, também, em razão do reconhecimento da repercussão geral pelo Supremo Tribunal Federal, no Recurso Extraordinário nº 1.055.941/SP, da análise da constitucionalidade da transferência dos sigilos bancário e fiscal da Administração Tributária ao Ministério Público, para fins penais, quando, evidentemente, poderia haver infração à privacidade do investigado.

1 Dos direitos fundamentais: o direito à intimidade e à privacidade

No direito brasileiro, a proteção da vida privada e da intimidade encontra-se positivada na CRFB/1988, em seu art. 5º, inciso X, mas também, articula-se com outros dispositivos constitucionais que resguardam o domicílio, a comunicação e os dados pessoais (BRASIL, 1988).

Dessa forma, visando à tutela da privacidade (gênero), o texto constitucional traz instrumentos para permitir o indivíduo conduzir a própria vida da maneira que julgar mais conveniente, assegurando a inviolabilidade da intimidade, da vida privada, da honra e da imagem (espécies) (NOVELINO, 2019).

Setores da doutrina e da jurisprudência alemã categorizam o direto à privacidade em três esferas: a) esfera íntima: que constitui o núcleo essencial e intangível do direito à intimidade ou privacidade; b) esfera privada: que diz respeito a aspectos não sigilosos ou restritos da vida familiar, profissional e comercial do indivíduo, portanto, passíveis de ponderação em relação a outros bens jurídicos e c) esfera social: onde se situam os direitos à imagem e à palavra (SARLET; MARINONI; MITIDIERO, 2018).

Essa classificação tem sido criticada em vista da impossibilidade de se contemplar todas as situações que envolvem a vida privada, contudo, pode servir de referencial para a distinção de situações concretas, assim como para enquadrar o direito à privacidade no âmbito de proteção do direito (SARLET; MARINONI; MITIDIERO, 2018).

A CRFB/1988 inovou ao estabelecer a tutela ao sigilo de dados, dentre os quais se destaca, no contexto atual, os bancários e fiscais, estando aqueles a cargo de empresas privadas ou instituições financeiras estatais e estes últimos, em princípio, em poder da Receita Federal (TAVARES, 2017).

Quanto ao âmbito de proteção, em ambos os casos, não se efetua, em regra, diferença entre os diversos dados e informações armazenadas nos cadastros fiscais e bancários, de forma que a integralidade está tutelada. Isso porque, em eventual intervenção restritiva, se houver diferenciação entre as informações requisitadas, poder-se-ia, acidentalmente, acessar outras informações que dizem respeito à esfera da intimidade pessoal e familiar (SARLET; MARINONI; MITIDIERO, 2018).

De acordo com Lima (2018), os sigilos bancário e fiscal são um dever jurídico imposto às instituições financeiras e às entidades atuantes no sistema financeiro nacional para que estas não divulguem informações sobre as manifestações financeiras de seus clientes.

Essa obrigação, além de derivar do texto constitucional, foi regulamentada pela Lei Complementar nº 105/2001, que prevê: "art. 1º. As instituições financeiras a conservarão do sigilo em suas operações ativas e passivas e serviços prestados" (BRASIL, 2001).

Ademais, também em âmbito infraconstitucional, o Código Tributário Nacional veda "a divulgação, por parte da Fazenda Pública ou de seus servidores, de informação obtida em razão do ofício sobre a situação econômica ou financeira do sujeito passivo ou de terceiros e sobre a natureza e o estado de seus negócios ou atividades" (art. 198) (BRASIL, 1966).

Geralmente, cabe somente ao titular do direito a decisão sobre divulgação de suas informações pessoais, mas o direito à privacidade poderá sofrer intervenções restritivas, que, consoante Novelino (2019), serão legítimas quando adequadas à fomentação de outros princípios constitucionais, necessárias ante a inexistência de outro meio similarmente eficaz e proporcional na realização de princípios que, no caso concreto, possuem maiores razões que o direito à privacidade.

A quebra do sigilo de dados bancários e fiscais pode ser utilizada como meio de obtenção de prova, funcionando como ferramenta adequada à revelação de informações essenciais à elucidação da autoria e materialidade delitiva por meio dos registros dos serviços disponibilizados pelas instituições financeiras (LIMA, 2018).

Para tanto, são hipóteses legais em que tais informações podem ser validamente acessadas nos fins de investigação ou instrução processual penal: a) fornecimento voluntário pelo titular do direito; b) se autorizada pela autoridade judiciária competente; c) em Comissões Parlamentares de Inquérito; d) por requisição do Ministério Público sobre informações de órgãos públicos; e e) pela Administração tributária, nos termos da lei (LIMA, 2018).

Dentre elas, destacam-se as limitações ao direito de privacidade dos dados fiscais e bancários previstas na Lei Complementar nº 105/2001, em seus arts. 5º e 6º, segundo as quais haveria possibilidade de transferência do sigilo bancário ao Fisco, sem prévia autorização judicial, quando necessários os dados do contribuinte para o subsídio de processo administrativo instaurado ou procedimento de fiscalização em curso (BRASIL, 2001).

Em decorrência dessa permissão legal, iniciaram-se debates sobre a legalidade de eventuais provas em processo penal advindas de Representação Fiscal para Fins Penais na qual contenha informações pessoais do contribuinte obtidas na forma da Lei Complementar nº 105/2001.

Questionamentos sobre a constitucionalidade do acesso direto pelo Fisco aos dados bancários e fiscais do contribuinte, previsto em lei, mas também, da possibilidade de utilização pelo Ministério Público desses dados a partir de Representação Fiscal para Fins Penais foram levados ao Supremo Tribunal Federal que reconheceu a repercussão geral da matéria.

Nos próximos tópicos serão abordadas as discussões advindas de ambas as hipóteses e suas consequências no processo, enfocando-se na apreciação da constitucionalidade da transferência do sigilo dos dados fiscais e bancários do contribuinte ao Ministério Público para fins penais.

2 O controle de constitucionalidade e as provas ilícitas no ordenamento jurídico brasileiro

O constitucionalismo é expressão da ideologia liberal que surgiu como uma doutrina de limitação do poder do Estado para a tutela dos direitos fundamentais. Assim, a instituição de uma Constituição com as diretrizes e as bases escolhidas pelo Poder Constituinte implica na consagração do texto constitucional como parâmetro de observância obrigatória por todos aqueles a ele subordinado, fazendo surgir, então, o denominado controle de constitucionalidade.

A declaração de inconstitucionalidade constata a desconformidade entre atos ou fatos jurídicos e a Constituição, aplicando-se à conduta omissiva do legislador – que dará ensejo ao mandado de injunção e à ação direta de inconstitucionalidade por omissão –, mas também ao ato jurídico (*lato sensu*) privado ou público – para qual caberá ação direta de inconstitucionalidade, arguição de descumprimento de preceito fundamental, por exemplo -, em razão de incompatibilidades no que tange ao agente, forma, conteúdo ou fim (TAVARES, 2017).

No Brasil, o controle pode ser preventivo – durante a elaboração do ato ou norma – ou repressivo, destacando-se que neste último confere-se ao Poder Judiciário o poder de decisão, seja de maneira incidental pelos magistrados no exercício de sua jurisdição, seja ou principal pelo Supremo Tribunal Federal, guardião da Constituição, por meio de controle concentrado e pela via recursal.

Em regra, as decisões em controle concentrado de constitucionalidade possuem eficácia vinculante e efeito *erga omnes,* não vinculando, entretanto, o plenário do Supremo

Tribunal Federal e o Poder Legislativo[3], sendo que a desvinculação deste último (não somente no controle concentrado, mas em todas as manifestações do Poder Judiciário) decorre da independência atribuída a cada um dos poderes constituídos em razão do princípio da separação dos poderes[4] (TAVARES, 2017).

Lado outro, quanto ao estabelecimento do processo penal, nas fases primitivas da civilização dos povos, inexistia um poder estatal capaz de sobrepor aos ímpetos individualistas dos homens para realizar a aplicação do direito. Diante disso, a repressão dos atos criminosos se dava através do regime de autotutela, cujas principais características são a ausência de juiz distinto das partes e a imposição da decisão por uma das partes à outra (CINTRA; GRINOVER; DINAMARCO, 2015).

À medida que o Estado se consolidava,

---

3 Exemplo disso foi a ação direta de inconstitucionalidade nº 4.983, no ano de 2016, em que o Supremo Tribunal Federal julgou inconstitucional a realização de vaquejadas por se tratar de evento em que são realizados atos de crueldade contra os animais, violando, portanto o art. 225, §1º, VII, da CRFB/1988 (BRASIL, 2016a). Contudo, logo após, o Poder Legislativo promulgou emenda constitucional adicionando o §7º ao art. 225 da CRFB/1988 a fim de ressalvar que as práticas desportivas que utilizem animais, desde que sejam manifestações culturais (assim como as vaquejadas), registradas como bem de natureza imaterial integrante do patrimônio cultural brasileiro, não ofendem a CRFB/1988 (BRASIL, 1988).

4 Art. 2º. São Poderes da União, independentes e harmônicos entre si, o Legislativo, o Executivo e o Judiciário (BRASIL, 1988).

gradativamente, absorveu o poder de analisar as pretensões e resolver os conflitos através de juízes estatais que, por provocação das partes e as substituindo, exerceriam a jurisdição. Para tanto, o processo surgiu como "instrumento por meio do qual os órgãos jurisdicionais atuam para pacificar as pessoas conflitantes, eliminando os conflitos e fazendo cumprir o preceito jurídico pertinente a cada caso que lhes é apresentado em busca da solução" (CINTRA; GRINOVER; DINAMARCO, 2015, p. 44).

Há que se destacar que, assim como nas demais áreas processuais, em razão do Estado Democrático de Direito, a existência do direito processual penal necessita ser compreendida a partir da leitura constitucional, visto que, com a recepção dos direitos naturais pelas constituições democráticas, o Estado tem o dever de atribuir eficácia a esses direitos fundamentais (LOPES JUNIOR, 2017).

Segundo Lopes Junior (2017), no processo penal existe uma necessária simultaneidade e coexistência entre repressão ao delito e respeito às garantias constitucionais, isto é, além de ser um instrumento a serviço do poder punitivo estatal, o direito processual penal desempenha o papel de limitador do poder e garantidor do indivíduo a ele submetido, sendo o meio pelo qual, também, se legitima a imposição da pena.

Logo, a desvirtuação do processo retira a credibilidade do próprio fim almejado, o qual, seja por excesso de punição ou de defesa, produzirá resultado jurídico anômalo distinto da finalidade da justiça.

Nesse ínterim, a CRFB/1988 elencou diversos princípios processuais penais, sob rol não taxativo, traçando diretrizes a serem observadas pelos órgãos de persecução penal, tais como, presunção de não culpabilidade, contraditório, ampla defesa, publicidade, devido processo legal, inadmissibilidade das provas obtidas por meios ilícitos, dentre outros (BRASIL, 1988).

Em especial ao princípio da inadmissibilidade das provas obtidas por meios ilícitos, a CRFB/1988 limitou o direito fundamental à prova e a busca da verdade real, conforme dispõe o art. 5º, inciso LVI, porquanto:

> [...] em um Estado Democrático de Direito, a descoberta da verdade não pode ser feita a qualquer preço. Mesmo que em prejuízo da apuração da verdade, no prol do ideal maior de um processo justo, condizente com o respeito aos direitos e garantias fundamentais da pessoa humana, não se pode admitir a utilização em um processo de provas obtidas por meios ilícitos. (...) Deveras, seria de todo contraditório que, em um processo criminal, destinado à apuração da prática de um ilícito penal, o próprio Estado se valesse de métodos violadores de direitos,

comprometendo a legitimidade de todo o sistema punitivo, pois ele mesmo estaria se utilizando do ilícito penal (LIMA, 2018, p. 629).

Em relação aos direitos e garantias individuais, a proibição de provas ilícitas objetiva, de forma imediata, a tutela do direito à intimidade, à privacidade, à imagem e à inviolabilidade de domicílio, os quais, geralmente, são os mais atingidos durante as diligências investigatórias (PACELLI, 2017).

As provas obtidas por meios ilegais, consoante Lima (2018), funcionam como um gênero, do qual são espécies: a) as provas ilícitas, que são aquelas obtidas mediante violação direta ou indireta das normas materiais de direito penal ou de direito constitucional e b) as provas ilegítimas, compreendidas aquelas obtidas ou produzidas em desacordo com normas processuais.

Portanto, caso a produção da prova no processo penal viole o direito de privacidade do investigado ou do réu, dever-se-ia declarar a ilicitude da prova e desentranhá-la dos autos.

3 Estudo de direito comparado acerca dos sigilos bancário e fiscal na persecução penal

A globalização e a revolução tecnológica, ao contribuir para o desenvolvimento do comércio internacional de bens e serviços, acabaram por propiciar o crescimento dos ilícitos que utilizam de estruturas econômicas empresariais e do sistema financeiro - sobretudo as organizações criminosas e os grupos terroristas –, cujos proventos passaram a dispor de complexas operações de lavagem de dinheiro para dificultarem, sobremaneira, a repressão estatal (MARTINS, 2018).

Nesse cenário, a investigação financeira ganha especial importância no esforço internacional de combate à lavagem de dinheiro, à recuperação de ativos e ao financiamento do terrorismo e das organizações criminosas.

Desde o ano de 1919, a *Internal Revenue Service's Criminal Investigation Division* e os demais órgãos de persecução penal empregam técnicas de investigação financeira nos Estados Unidos da América para apurar evasão de divisas e lavagem de dinheiro. Exemplo disso foi, nos anos 1930, a análise financeira aplicada em investigações envolvendo falsificação de bebidas e na emergente máfia americana, que resultou na prisão, por sonegação fiscal, do gângster Al Capone, de Chicago (MARTINS, 2018).

Por sua vez, os grandes casos de corrupção no

Brasil, desvendados na última década, desde o Caso Mensalão até o Caso Lava Jato, valeram-se, também, do sistemático emprego de dados financeiros. Posteriormente, na edição da lei nº 12.850/2013, ao tratar da investigação criminal e dos meios de obtenção de provas relacionadas às organizações criminosas, foi elencado de maneira expressa, o afastamento dos sigilos financeiro, bancário e fiscal, observando-se a legislação específica (BRASIL, 2013; MARTINS, 2018).

Como visto, em razão de ser uma técnica especial de investigação financeira, o afastamento dos sigilos bancário e fiscal demanda autorização judicial, em regra. Porém, quando os dados foram legalmente obtidos pelo Fisco e remetidos aos órgãos de persecução penal como *notitia criminis*, a exigência do prévio crivo do Poder Judiciário poderia ser entendida como um garantismo exacerbado.

Nesse sentido, o direito norte-americano, tradicionalmente visto como zeloso das garantias individuais, dentre as quais o direito à privacidade[5], consolidou, ao menos

---

5A previsão constitucional norte-americana equivalente ao direito fundamental à privacidade é a Emenda nº IV a qual prevê: "O direito do povo à inviolabilidade de suas pessoas, casas, papéis e haveres contra busca e apreensão arbitrárias não poderá ser infringido; e nenhum mandado será expedido a não ser mediante indícios de culpabilidade confirmados por juramento ou declaração, e particularmente com a descrição do local da busca e a indicação das pessoas ou coisas a serem apreendidas" (tradução livre) (USA, 1789).

desde no julgamento do caso *United States v. Miller, 425 U.S. 435 (1976),* que o acesso a dados bancários pelas autoridades de persecução penal norte-americanas pressupõe simplesmente a existência de um procedimento legal, não sendo exigida maior autorização judicial. Veja-se:

> *There is no legitimate 'expectation of privacy' in the contents of the original checks and deposit slips, since the checks are not confidential communications but negotiable instruments to be used in commercial transactions, and all the documents obtained contain only information voluntarily conveyed to the banks and exposed to their employees in the ordinary course of business.* ***The Fourth Amendment does not prohibit the obtaining of information revealed to a third party and conveyed by him to Government authorities.*** *The Act's recordkeeping requirements do not alter these considerations so as to create a protectable Fourth Amendment interest of a bank depositor in the bank's records of his account [...]***Access to bank records under the Act is to be controlled by "existing legal process." That does not mean that greater judicial scrutiny, equivalent to that required for a search warrant, is necessary when a subpoena is used to obtain a depositor's bank records** (USA, 1976) (grifo não original).[6]

---

6 Não há 'expectativa de privacidade' legítima no conteúdo dos cheques e comprovantes de depósito originais, uma vez que os cheques não são comunicações confidenciais, mas instrumentos negociáveis para serem usados em transações comerciais, e todos os documentos obtidos contêm apenas informações voluntariamente transmitidas aos bancos e expostos

Em 2016, durante o julgamento da Ação Direta de Inconstitucionalidade nº 2.859, o Supremo Tribunal Federal, no Brasil, começou a se alinhar a essa posição menos burocrática para a investigação criminal. Observe-se o excerto do voto da Ministra Carmen Lúcia: "não há como se dar cobro às finalidades do Estado, especialmente da Administração Fazendária, e **até ao Direito Penal**, nos casos em que precisa haver investigação e penalização, se não houver acesso a esses dados, que, de toda sorte, já são de conhecimento das instituições financeiras que nem Estado são" (grifo não original) (BRASIL, 2016b).

Corroborando essa posição, na mesma oportunidade, o Ministro Roberto Barroso verificou que o afastamento do sigilo bancário e fiscal se trata de meio adequado a "promover a finalidade de combater as mais diversas formas de fuga ilegítima da tributação e controlar o fluxo de capitais, **inclusive para fins penais**" (grifo não

---

aos seus funcionários no curso normal dos negócios. **A Quarta Emenda não proíbe a obtenção de informações reveladas a terceiros e transmitidas por ele às autoridades governamentais**. Os requisitos de manutenção de registros da lei não alteram essas considerações para criar um interesse protegido da Quarta Emenda de um depositante bancário nos registros bancários de sua conta [...] **O acesso aos registros bancários nos termos da lei deve ser controlado pelo "processo legal existente". Isso não significa que um maior escrutínio judicial, equivalente ao exigido para um mandado, seja necessário quando uma intimação é usada para obter os registros bancários de um depositante** (tradução livre).

original) (BRASIL, 2016b).

Sobre o tema, importante destacar que o Brasil assumiu compromissos internacionais, perante o G20[7] e o *Global Forum on Transparency and Exchange of Information for Tax Purposes*[8], obrigando-se a cumprir os padrões internacionais de transparência e de troca de informações bancárias, estabelecidos com o fito de evitar o descumprimento de normas tributárias, assim como combater práticas criminosas (BRASIL, 2016b).

Entretanto, conforme notícia publicada no portal Valor Econômico, em 9 de novembro de 2013, segundo levantamento realizado pelo grupo internacional *Tax Justice Network*, com base em dados de 2011 do Banco Mundial, o Brasil só perde para a Rússia no ranking mundial da sonegação fiscal (BRASIL, 2016b).

A constitucionalidade da utilização direta pelo Ministério Público dos dados bancários e fiscais recebidos através de representação fiscal para fins penais, elaborada

---

7 G20 é um grupo internacional formado pelas 19 maiores economias do mundo e a União Européia criado no final da década de 1990, após crises financeiras pelas quais passavam algumas potências econômicas, visando-se o fortalecimento da economia internacional.
8 O Fórum Global sobre Transparência e Intercâmbio de Informações para Fins Tributários é um órgão criado pela Organização para a Cooperação e o Desenvolvimento Econômicos (OCDE). Ressalve-se que o Brasil não integra a OCDE, sendo apenas membro do Fórum Global sobre Transparência e Intercâmbio de Informações para Fins Tributários.

pelo Fisco no legítimo exercício de fiscalização, não havia, ainda, sido objeto de apreciação do Supremo Tribunal Federal no Brasil, havendo apenas breves menções nas decisões das Ações Direta de Inconstitucionalidade nºs 2.390, 2.386, 2.397, 2.589 e do Recurso Extraordinário nº 601.314/SP-RG, pela constitucionalidade da Lei Complementar nº 105/2001.

Tendo em vista a relevância da matéria constitucional, após a interposição do Recurso Extraordinário nº 1.055.941/SP pelo Ministério Público Federal, que visava combater decisão do Tribunal Regional Federal da Terceira Região julgando ilícita a prova obtida diretamente pelo *parquet* com a Receita, o Supremo Tribunal Federal, em 12 de abril de 2018, reconheceu a repercussão geral da referida questão constitucional, cujo desenvolvimento jurisprudencial será visto nos próximos tópicos.

4 A constitucionalidade da transferência do sigilo dos dados fiscais e bancários do contribuinte ao Ministério Público para fins penais

Assim como visto anteriormente, o advento das Leis Complementares nº 104/2001 e 105/2001, fez surgir debates acerca da proteção dos sigilos bancário e fiscal questionando a utilização dos dados obtidos pelo Fisco, na forma dessas leis, tanto no âmbito cível quanto no criminal.

Primeiramente, discutia-se na doutrina e tribunais brasileiros, se o acesso direto pela Administração Tributária aos dados bancários do contribuinte, para fins de investigação dos ilícitos tributários, infringiria o direito fundamental à privacidade, colocando-se à prova a própria constitucionalidade das sobreditas leis.

Sobre o tema, em 2011, no julgamento do Recurso Extraordinário n° 389.808, o Ministro Ayres Brito delimitou o direito à intimidade esclarecendo que as informações do indivíduo protegidas por tal garantia constitucional são aquelas relacionadas à esfera do "ser", vinculada à sua personalidade, e não aquela do "ter". Ademais, o Ministro Dias Toffoli destacou que o acesso pelo Fisco não se trata de quebra de sigilo bancário, que é crime, mas sim de transferência do sigilo (BRASIL, 2011a).

Nessa oportunidade, os supracitados Ministros foram votos vencidos, mas, em 2016, o Supremo Tribunal Federal decidiu em repercussão geral (RE n 601.314/SP-RG, tema 225), conjuntamente às Ações Direta de Inconstitucionalidade n°s 2.390, 2.386, 2.397 e 2.589, pela constitucionalidade dos questionados dispositivos das Leis Complementares n° 104/2001 e 105/2001, legitimando o acesso aos dados bancários pela Receita Federal sem a necessidade de haver intervenção do Poder Judiciário.

Além de se destacar o compromisso internacional feito pelo Brasil, perante o G20 e o Fórum Global sobre Transparência e Intercâmbio de Informações para Fins Tributários em cumprir os padrões internacionais de transparência na de troca de informações bancárias e buscar combater práticas criminosas, ressaltou-se a importância do zelo pela ordem tributária após a CRFB/1988. Veja-se:

> [...] A ordem constitucional instaurada em 1988 estabeleceu, dentre os objetivos da República Federativa do Brasil, a construção de uma sociedade livre, justa e solidária, a erradicação da pobreza e a marginalização e a redução das desigualdades sociais e regionais. Para tanto, a Carta foi generosa na previsão de direitos individuais, sociais, econômicos e culturais para o cidadão. **Ocorre que, correlatos a esses direitos, existem também deveres, cujo atendimento é, também, condição *sine qua non* para a realização do projeto de sociedade esculpido na Carta Federal. Dentre esses deveres, consta o dever fundamental de pagar tributos, visto que são eles que, majoritariamente, financiam as ações estatais voltadas à concretização dos direitos do cidadão. Nesse quadro, é preciso que se adotem mecanismos efetivos de combate à sonegação fiscal, sendo o instrumento fiscalizatório instituído nos arts. 5º e 6º da Lei Complementar nº 105/ 2001 de extrema significância nessa tarefa.** (BRASIL, 2016b).

Depreende-se, pois, que para a manutenção dos objetivos da República Federativa do Brasil e para a consecução dos direitos fundamentais, é mister que haja meios para o combate à sonegação fiscal, sendo esta uma das principais razões pela qual o Supremo Tribunal Federal julgou constitucional o acesso dos dados bancários do contribuinte diretamente pelo Fisco.

Ademais, conforme o que foi decidido na Ação Direta de Inconstitucionalidade nº 2.390/DF, os artigos 5º e 6º da Lei Complementar nº 105/2001 e seus decretos regulamentares (Decretos nº 3.724, de 10 de janeiro de 2001, e nº 4.489, de 28 de novembro de 2009) não implicariam em quebra de sigilo bancário, mas sim transfeririam o dever de sigilo à Administração Tributária, visto que não há autorização para exposição ou circulação dos dados, estando resguardadas a intimidade e a vida privada do correntista, exatamente como determina o art. 145, § 1º, da CRFB/1988 (BRASIL, 2016b).

De igual forma, o art. 1º da Lei Complementar nº 104/2001, ao inserir o § 1º, inciso II, e o § 2º ao art. 198 do CTN, configuraria a transferência de informações sigilosas no âmbito da Administração Pública, confluindo com outros comandos legais sedimentados no ordenamento jurídico brasileiro que permitem o acesso da Administração Pública à relação de bens, renda e patrimônio de determinados indivíduos (BRASIL, 2016b).

Assim, o Supremo Tribunal Federal julgou, também, legítima a previsão do art. 3º, §3º da Lei Complementar nº 105/2001 que confere à Advocacia-Geral da União o direito de acesso às informações e os documentos necessários à defesa da União nas ações em que seja parte (BRASIL, 2016b).

Entretanto, conforme adiantado nos capítulos anteriores, nesse julgamento, houve apenas breves menções acerca da possibilidade de remessa dos dados obtidos legitimamente pelo Fisco ao Ministério Público, para fins penais, mas a matéria que já vinha sendo discutida pelos juristas brasileiros.

Sobre esse tema, em 21 de dezembro 2007, foi publicada a Nota Técnica nº 179/DENOR/CGU/AGU, aprovada pelo então Advogado-Geral da União, José Antônio Dias Toffoli, aduzindo a possibilidade jurídica da irrestrita transferência de matéria amparada pelo sigilo fiscal ao Ministério Público Federal, independentemente de prévia autorização judicial (SARAIVA FILHO, 2014).

Isso porque, nos termos do art. 198, §1º, inciso II, e §2º, do CTN/1966, com redação dada pela Lei Complementar nº 104/2001, e do art. 8º, inciso VIII e §2º da Lei Complementar nº 75/1993, e diante da presunção da constitucionalidade das leis, não haveria razões para se opor reserva de sigilo fiscal ao Ministério Público em relação aos dados fiscais dos contribuintes (SARAIVA FILHO, 2014).

Corroborando tal entendimento, Macedo (2008) afirmou que, muito embora a Lei Complementar nº 105/2001 não tenha previsto a possibilidade de o Ministério Público ter acesso direto aos dados bancários, estabeleceu o dever legal de o Banco Central e a Comissão de Valores Mobiliários informar o *parquet* a ocorrência de crime de ação pública, **juntando à comunicação dos fatos os documentos necessários à apuração ou comprovação dos fatos** (grifo não original).

Ademais, aduzia que o Ministério Público é dotado de prerrogativas para a quebra dos sigilos bancário e fiscal, principalmente na defesa do patrimônio durante o curso de sua investigação no inquérito civil, não podendo sua função constitucional estar subordinada a decisão do Poder Judiciário (MACEDO, 2008).

Em específico à investigação financeira envolvendo recursos públicos, tal qual visto no primeiro capítulo, a jurisprudência brasileira é pacífica no sentido de autorizar a requisição direta do Ministério Público às instituições financeiras, porque as contas bancárias dos entes públicos, em regra, não são protegidas pelo direito à privacidade e, por conseguinte, inoponível o sigilo bancário, ainda que contenha transações financeiras com particulares, não configurando violação reflexa da privacidade destes[9].

Em 2016, foi criado o Projeto de Lei n° 6.064 com o intuito de alterar o Decreto n° 70.235/1972 que dispõe sobre o processo administrativo fiscal, para extinguir o voto de qualidade no âmbito do Conselho Administrativo de Recursos Fiscais, contudo, foi arquivado nos termos do art. 105 do Regimento Interno da Câmara dos Deputados (BRASIL, 2016c).

Ocorre que esse projeto de lei foi desarquivado, na

---

9 **Não são nulas as provas obtidas por meio de requisição do Ministério Público de informações bancárias de titularidade de Prefeitura para fins de apurar supostos crimes praticados por agentes públicos contra a Administração Pública.** É lícita a requisição pelo Ministério Público de informações bancárias de contas de titularidade da Prefeitura, com o fim de proteger o patrimônio público, não se podendo falar em quebra ilegal de sigilo bancário. O sigilo de informações necessário à preservação da intimidade é relativizado quando há interesse da sociedade em conhecer o destino dos recursos públicos. **Diante da existência de indícios da prática de ilícitos penais envolvendo verbas públicas, cabe ao MP, no exercício de seus poderes investigatórios** (art. 129, VIII, da CF/88), requisitar os registros de operações financeiras relativos aos recursos movimentados a partir de conta corrente de titularidade da Prefeitura. Essa requisição compreende, por extensão, o acesso aos registros das operações bancárias sucessivas, ainda que realizadas por particulares, e objetiva garantir o acesso ao real destino desses recursos públicos. (Informativo n° 572 STJ) (BRASIL, 2015). (Informativo n° 879 STF) (BRASIL, 2017) (grifo não original).

Sessão Plenária de 13 de fevereiro de 2019, oportunidade na qual foi apresentada Emenda Aglutinativa para inserir um dispositivo alterando o art. 83 da Lei nº 9.430/1996 que versa sobre a representação fiscal para fins penais (BRASIL, 2016c).

A proposta de Emenda Aglutinativa dispõe que a representação fiscal para fins penais somente será encaminhada ao *parquet* após a decisão terminativa, na esfera administrativa, sobre a exigência fiscal do crédito tributário correspondente, sob pena de responsabilização civil e criminal (BRASIL, 2016c).

No mais, a proposta estabelece a expressa necessidade de obtenção de autorização judicial para a Receita Federal compartilhar os dados com o Ministério Público nas hipóteses de indícios dos crimes contra a ordem tributária, relacionados ao controle aduaneiro ou contra a Previdência Social[10] (BRASIL, 2016c).

---

10 Art. 83-A. Havendo indícios de crimes diversos dos referidos no artigo anterior, o auditor-fiscal da Secretaria da Receita Federal do Brasil deverá reportá-los ao Secretário Especial da Receita Federal do Brasil, que adotará procedimento especial interno, em comissão competente, para analisar a materialidade das evidências indicadas pelo referido auditor, respondendo civil e criminalmente as autoridades envolvidas pelo não cumprimento do disposto neste artigo. Parágrafo único. **Confirmados os indícios tratados no *caput*, o Secretário Especial da Receita Federal do Brasil, mediante autorização judicial, deverá reportá-las às autoridades competentes para fins de investigação penal.**

Art. 83-B Nas hipóteses dos artigos 83 e 83-A, as autoridades competentes para o envio da representação fiscal para fins penais deverão

O projeto de lei encontra-se para deliberação em Sessão Ordinária do Plenário da Câmara dos Deputados, contudo, em, 18 de setembro de 2019, a 2ª Câmara de Coordenação e Revisão do Ministério Público Federal emitiu a Nota Técnica PGR/ 2ª CCR Nº 14/2019 sugerindo a rejeição da proposta de alteração do art. 83 da Lei nº 9.430/1996, alegando sua inconstitucionalidade e cerceamento do combate à sonegação fiscal e à lavagem de dinheiro (MPF, 2019).

Considerando que os sigilos bancário e fiscal são corolários do direito à privacidade, o Supremo Tribunal Federal e os demais tribunais brasileiros mantinham posicionamento de que, salvo os casos específicos autorizados em lei, deveriam ser opostos aos órgãos de persecução penal, mas no próximo tópico como ocorreu o desenvolvimento jurisprudencial dos tribunais superiores brasileiros.

---

assegurar o sigilo dos dados compartilhados, dentre outros: I - Nome da pessoa física ou jurídica; II - Número de inscrição no Cadastro de Pessoa Física (CPF) ou número de inscrição no Cadastro de Pessoa Jurídica (CNPJ); e III - Tipificação legal do suposto ilícito objeto da representação fiscal para fins penais (BRASIL, 2016c) (grifo não original).

5 O posicionamento do Superior Tribunal de Justiça e do Supremo Tribunal Federal

Em 12 de abril de 2018, o Supremo Tribunal Federal, ao analisar o Recurso Extraordinário nº 1.055.941/SP julgou, por unanimidade, constitucional a questão do compartilhamento direto de dados entre Ministério Público e Receita e, por maioria, reconheceu a existência de repercussão geral da questão constitucional suscitada (Tema nº 990), vencido o Ministro Edson Fachin, sem a manifestação da Ministra Cármen Lúcia (BRASIL, 2018a).

O recurso extraordinário foi interposto pelo Ministério Público Federal buscando-se atacar o acórdão proferido pelo Tribunal Regional Federal da Terceira Região que julgou ilícita a prova remetida pelo Fisco ao *parquet* sem autorização judicial[11]. Tinha como fundamentos a afronta aos

---

11 PENAL E PROCESSUAL PENAL. APELAÇAO CRIMINAL. CRIME CONTRA A ORDEM TRIBUTÁRIA. ART. 1º, I, DA LEI Nº 8.137/90. NULIDADE DO COMPARTILHAMENTO PARA A ESFERA PENAL DE DADOS ACOBERTADOS POR SIGILO BANCÁRIO OBTIDOS PELA RECEITA FEDERAL SEM AUTORIZAÇÃO PRÉVIA DO JUÍO COMPETENTE. NULIDADE RECONHECIDA DE OFÍCIO. RECURSO PREJUDICADO. 1. Conforme precedentes do C. STJ e da Quarta Seção deste Regional, a quebra do sigilo bancário para fins de investigação criminal ou instrução processual penal, nos termos do art. 5º, XII, da Constituição Federal, está sujeita à prévia autorização judicial. 2. Hipótese em que a prova da materialidade encontra-se em procedimento

arts. 5º, incisos X e XII, art. 145, §1º e 129, inciso VI, todos da CRFB/1988, bem como a alegação de que o Supremo Tribunal Federal já havia reconhecido a licitude do compartilhamento de dados obtidos pela Receita Federal com o Ministério Público para fins penais em repercussão geral no Recurso Extraordinário nº 601.314/SP-RG, em conjunto com as ADI nºs 2.390, 2.386, 2.397 e 2.589 (BRASIL, 2018a).

Na oportunidade, o Ministro Relator Dias Toffoli admitiu que o Supremo Tribunal Federal, em virtude da intelecção estabelecida no Recurso Extraordinário nº 601.314/SP-RG, já havia decidido, de forma esparsa, permitindo o compartilhamento de dados para fins de persecução penal, ressaltando que, com fundamento no art. 198, §3º, inciso I, do CTN, não seria vedada a divulgação de informação para representação fiscal com fins penais, sobretudo quando se observa a efetiva supressão de tributos[12]

____

administrativo no bojo do qual a Receita Federal, com fundamento no art. 6º da Lei Complementar nº 105/2001, obteve dados acobertados por sigilo mediante requisição direta às instituições bancárias, sem prévia autorização judicial. 3. **Reconhecida a ilicitude do compartilhamento de dados obtidos pela Receita Federal com o Ministério Público Federal, para fins penais, e estando a materialidade delitiva demonstrada exclusivamente com base em tais elementos (ou provas deles derivadas), tem-se que a ação penal padece de nulidade desde o início quanto à apuração do crime do art. 1º, I, da Lei nº 8.137/90**. 4. Prejudicado o recurso defensivo. (BRASIL, 2017b) (grifo não original).

12 De igual maneira a esse entendimento, o Ministro Relator citou os seguintes julgados: nº 973.685/SP, Relatora a Ministra Rosa Weber, DJe de 24/3/17; ARE nº 998.818, Relator o Ministro Ricardo Lewandowski, DJe

(BRASIL, 2018a).

Porém, tendo em vista que o Supremo Tribunal Federal havia somente tangenciado o tema no julgamento que assentou a constitucionalidade do art. 6º da Lei Complementar nº 105/2001, destacou-se a relevância de, acaso se reafirmar a jurisprudência, "debater sobre os limites objetivos que os órgãos administrativos de fiscalização fazendária deverão observar ao transferir automaticamente para o Ministério Público informações sobre movimentação bancária e fiscal dos contribuintes em geral, sem comprometer a higidez constitucional" (BRASIL, 2018a).

O Ministro Edson Fachin, na ocasião, foi voto vencido por considerar que o Supremo Tribunal Federal já havia se manifestado, suficientemente, sobre o tema, no Recurso Extraordinário nº 601.314/SP-RG, julgando legítima a prestação de informações para combater as mais diversas formas de evasão ilícita da tributação e controlar o fluxo de capitais, inclusive para fins penais[13] (BRASIL, 2018a).

---

de 4/10/16; e ARE nº 939.055/ES, Relator o Ministro Gilmar Mendes, DJe de 18/4/16 (BRASIL, 2018a).

13 Destacou, também, que ambas as turmas do tribunal confirmam que a matéria em comento está devidamente incluída em sede de repercussão geral do Recurso Extraordinário nº 601.314/SP-RG, citando como exemplos o ARE 841344 AgR, Relator Ministro Dias Toffoli, DJe de 12/02/2017; ARE 107607 AgR, Ministra Relatora Rosa Weber, DJe 07/11/2017, dentre outros (BRASIL, 2018a).

Nada obstante a essa tendência do Supremo Tribunal Federal, o Superior Tribunal de Justiça, no informativo de jurisprudência nº 0482/2011, havia se posicionado contrariamente à possibilidade de o Ministério Público, no uso de suas prerrogativas institucionais, requisitar documentos fiscais e bancários sigilosos diretamente ao Fisco e às instituições financeiras, nos seguintes termos:

> A Turma reiterou o entendimento de que **o Ministério Público, no uso de suas prerrogativas institucionais, não está autorizado a requisitar documentos fiscais e bancários sigilosos diretamente ao Fisco e às instituições financeiras, sob pena de violar os direitos e garantias constitucionais de intimidade da vida privada dos cidadãos. Somente quando precedida da devida autorização judicial, tal medida é válida.** Assim, a Turma concedeu a ordem para determinar o desentranhamento dos autos das provas decorrentes da quebra do sigilo fiscal realizada pelo Ministério Público sem autorização judicial, cabendo ao magistrado de origem verificar quais outros elementos de convicção e decisões proferidas na ação penal em tela e na medida cautelar de sequestro estão contaminados pela ilicitude ora reconhecida. (BRASIL, 2011b) (grifo não original).

Ocorre que, após o reconhecimento da

repercussão geral, em sentido diverso, o tribunal superior se manifestou, conforme os informativos de jurisprudência n°s 0623/2018 e 0634/2018, pela possibilidade de utilização dos dados obtidos pela Secretaria da Receita Federal, em regular procedimento administrativo fiscal, para fins de instrução processual penal, considerando lícito, inclusive, o compartilhamento com a Polícia, ao término do procedimento administrativo fiscal, quando verificada a prática, em tese de infração penal. Veja-se:

> [...] Cinge-se a controvérsia sobre a possibilidade de compartilhamento de dados obtidos legitimamente pelo fisco com o órgão ministerial e com a polícia, sem prévia autorização judicial, para uso em ação penal. **Primeiramente, necessário frisar ser prescindível a autorização judicial para a requisição de informações bancárias pela receita federal, como meio de concretizar seus mecanismos fiscalizatórios na seara tributária, ante a constitucionalidade da disciplina contida no art. 6º da lei complementar n. 105/2001, reconhecida pela suprema corte no julgamento do RE n. 601.314/SP, sob a sistemática da repercussão geral.** A seu turno, o entendimento já consagrado neste tribunal, é no sentido de que a quebra do sigilo bancário, para fins penais, exige autorização judicial mediante decisão devidamente fundamentada. Contudo, **em recente orientação firmada pela quinta turma deste tribunal, no julgamento do recurso em habeas corpus n. 75.532/SP assentou-se que o envio dos dados sigilosos**

pela Receita Federal à Polícia ou ao Ministério Público, quando do esgotamento da via administrativa e constituição definitiva de crédito tributário, decorre de mera obrigação legal de comunicar às autoridades competentes acerca de possível ilícito cometido, não representando assim ofensa ao princípio da reserva de jurisdição o uso de tais elementos compartilhados para fins penais. Com efeito, constitui obrigação dos órgãos de fiscalização tributária, prevista no art. 83 da lei n. 9.430/96 (redação dada pela lei n. 12.350/2010) comunicar o ministério público, quando do encerramento do procedimento administrativo sobre exigência de crédito tributário, eventual prática de crime. E mais, não configura quebra do dever de sigilo *'a comunicação, às autoridades competentes, da prática de ilícitos penais ou administrativos, abrangendo o fornecimento de informações sobre operações que envolvam recursos provenientes de qualquer prática criminosa'* (inc. IV do § 3º do art. 1º da Lei Complementar n. 105/2001). Como se vê, os citados dispositivos expressamente albergam o dever de remessa de dados bancários indicativos de eventual ilícito penal ao ministério público, a partir do término do procedimento administrativo tributário, como forma de permitir a investigação e persecução penal. Desse modo, **a ação penal fundada em tais elementos não pode ser tomada como ofensiva à reserva de jurisdição, pois amparada em exceção categórica da legislação**. Vale dizer, sendo legítimo os meios de obtenção da prova material e sua utilização no processo administrativo fiscal, mostra-se igualmente lícita sua utilização para fins da persecução criminal, a partir da comunicação obrigatória promovida pela receita federal no cumprimento de seu dever legal, quando do término da fase administrativa (BRASIL, 2018b) (Informativo nº 0634/2018) (grifo não original).

Ademais, no informativo nº 0623/2018 do Superior Tribunal de Justiça, frisou-se que "há reiteradas decisões do STF, afirmando que deve ser estendida a compreensão fixada no julgamento do RE 601.314-SP à esfera criminal, sendo legítimos '[...] os meios de obtenção da prova material e sua utilização no processo Administrativo fiscal, mostra-se lícita sua utilização para fins da persecução criminal" (BRASIL, 2018b).

O Recurso Extraordinário nº 1.055.941 teve seu julgamento de mérito finalizado em 28 de novembro de 2019, oportunidade na qual o plenário do Supremo Tribunal Federal, por maioria, apreciando o tema 990 da repercussão geral, deu provimento ao recurso extraordinário para, cassando o acórdão recorrido, restabelecer a sentença condenatória de primeiro grau, sendo votos vencidos os ministros Marco Aurélio e Celso de Mello que negaram provimento ao recurso (BRASIL, 2019).

Posteriormente, em 04 de dezembro de 2019, o sobredito tribunal, por maioria, deixando vencido apenas o Ministro Marco Aurélio, fixa a seguinte tese formulada pelo Ministro Alexandre de Morais julgando a constitucionalidade da transferência de sigilo dos dados fiscais e bancários do contribuinte ao Ministério Público para fins penais:

> 1. É constitucional o compartilhamento dos relatórios de inteligência financeira da UIF e da íntegra do procedimento fiscalizatório da Receita Federal do Brasil, que define o lançamento do tributo, com os órgãos de persecução penal para fins criminais, sem a obrigatoriedade de prévia autorização judicial, devendo ser resguardado o sigilo das informações em procedimentos formalmente instaurados e sujeitos a posterior controle jurisdicional. 2. O compartilhamento pela UIF e pela RFB, referente ao item anterior, deve ser feito unicamente por meio de comunicações formais, com garantia de sigilo, certificação do destinatário e estabelecimento de instrumentos efetivos de apuração e correção de eventuais desvios (BRASIL, 2019).

Assim, o Supremo Tribunal Federal encerra, por ora, no âmbito do Poder Judiciário a problemática acerca da constitucionalidade da transferência de sigilo dos dados fiscais e bancários aos órgãos de persecução penal, restando a possibilidade de o Poder Legislativo aprovar o Projeto de Lei nº 6.064 exigindo a autorização judicial para tal compartilhamento de dados.

Considerações finais

A princípio, o encaminhamento de representação

fiscal para fins penais contendo dados relativos às informações bancárias e fiscais do contribuinte, obtidas pela Administração Tributária no legítimo exercício de fiscalização, era tratado pela jurisprudência brasileira como quebra dos sigilos bancário e fiscal, devendo estar sujeita à prévia autorização judicial, em razão do princípio da reserva de jurisdição.

Dessa forma, quando a prova da materialidade do crime utilizada pelo Ministério Público encontrava-se fundada em procedimento administrativo em que a Fisco obteve os dados bancários e fiscais do contribuinte, nos termos da Lei Complementar nº 105/2001, mediante requisição direta às instituições bancárias, sem prévia autorização judicial, o Poder Judiciário brasileiro constatava a ilicitude da prova obtida, e, por conseguinte, desentranhavam-na dos autos.

Contudo, o Supremo Tribunal Federal, no julgamento do Recurso Extraordinário nº 1.055.941/SP, entendeu que não há quebra de sigilo bancário no compartilhamento com o Ministério Público de dados do contribuinte, para fins penais, obtidos pelo Fisco, sem o crivo do Poder Judiciário.

Em vez disso, há a transferência do sigilo, pois o membro do Ministério Público deve zelar pela subsistência do caráter sigiloso da informação, do registro, do dado ou do documento que lhe seja fornecido. Ademais, o acesso direto aos dados bancários dos contribuintes por parte da Administração Tributária é meio idôneo a alcançar os fins pretendidos, sendo instrumento que subsidia a efetiva apuração do valor devido dos tributos, é um mecanismo com aptidão de promover a finalidade de combater as mais diversas formas de fuga ilegítima da tributação e controlar o fluxo de capitais, inclusive para fins penais.

Diante do exposto, observa-se que o desenvolvimento jurisprudencial indica a superação dos clássicos posicionamentos sobre a imposição do sigilo bancário e fiscal ao Ministério Público para fins de apuração dos crimes contra a ordem tributária, relacionados ao controle aduaneiro ou contra a Previdência Social, sendo importante avanço no combate às fraudes tributárias visto conceder maior amplitude às investigações.

Essa tendência dos tribunais brasileiros alinha-se ao da jurisprudência internacional, a exemplo da Suprema Corte dos Estados Unidos da América, que, embora tradicional na tutela dos direitos fundamentais, entende desnecessária uma maior autorização judicial quando os dados foram obtidos legitimamente obedecendo-se um procedimento legal.

Por fim, há que se ressalvar que as decisões

tomadas pelo Poder Judiciário, inclusive em controle de constitucionalidade, difuso ou abstrato, - tal qual o Recurso Extraordinário nº 1.055.941/SP - como visto, não vinculam o Poder Legislativo o qual poderá exercer sua função legislativa livremente, inclusive, estabelecendo regras diametralmente opostas às julgadas pelos tribunais. Assim, nada obsta que o Projeto de Lei nº 6.064/2016 exija a autorização judicial prévia para o encaminhamento da representação fiscal para fins penais ao Ministério Público.

Referências

BRASIL. **Constituição da República Federativa do Brasil de 1988.** Brasília (DF). Disponível em: http://www.planalto.gov.br/ccivil_03/constituicao/constituicaoco mpilado.htm. Acesso em: 30 jul. 2019.

BRASIL. **Lei Complementar nº 105 de 2001**. Brasília (DF). Disponível em: http://ww.planalto.gov.br/ccivil_03/LEIS/LCP/Lcp105.htm Acesso em: 30 jul. 2019.

BRASIL. **Lei nº 12. 850 de 2013**. Brasília (DF). Disponível em: http://www.planalto.gov.br/ccivil_03/_Ato2011-2014/2013/Lei/L12850.htm/ Acesso em: 22 set. 2019.

BRASIL. **Lei nº. 5.172 de 1966 (Código Tributário Nacional)**. Brasília (DF). Disponível em: http://ww.planalto.gov.br/ccivil_03/LEIS/l5172.htm Acesso em: 30 jul. 2019.

BRASIL. **Projeto de Lei nº 6.064 de 2016**. (2016c) Brasília (DF). Disponível em: https://www.camara.leg.br/proposicoesWeb/fichadetramitacao ?idProposicao=2110223/. Acesso em: 22 set. 2019.

BRASIL. Superior Tribunal de Justiça. **Habeas Corpus nº**

308.493-CE, Rel. Min. Reynaldo Soares da Fonseca, 5ª
Turma, julgado em 20 de out. de 2015.

BRASIL. Superior Tribunal de Justiça. **Habeas Corpus nº
160.646-SP**, Rel. Min. Jorge Mussi, julgado em 1º de set de
2011 (2011b).

BRASIL. Superior Tribunal de Justiça. **Habeas Corpus nº
422.473/SP**. Relator Ministro Sebastião Reis Júnior, por
unanimidade, julgado em 20 de mar. de 2018 (2018b).

BRASIL. Supremo Tribunal Federal. **Ação Direta de
Inconstitucionalidade nº 4.983**. Relator Ministro Marco
Aurélio. Plenário. DJe 10 de out. de 2016 (2016a). Disponível
em: http://portal.stf.jus.br/processos/detalhe.asp?
incidente=4425243/ Acesso em: 28 set. 2019.

BRASIL. Supremo Tribunal Federal. **Ação Direta de
Inconstitucionalidade nº 2.859**. Ministro Relator Dias Toffoli.
Data de Julgamento 24 de fev de 2016 (2016b).

BRASIL. Supremo Tribunal Federal. **Recurso em Habeas
Corpus nº 133.118/CE**, Rel. Min. Dias Toffoli, 2ª Turma.
Julgado em 26 de set. de 2017.

BRASIL. Supremo Tribunal Federal. **Recurso Extraordinário
nº 1.055.941/SP**. Ministro Relator Dias Toffoli. Plenário. Data
de Julgamento 12 de abr. de 2019.

BRASIL. Supremo Tribunal Federal. **Recurso Extraordinário**

nº 389.808/PR . Relator Ministro Marco Aurélio, Dje de 10 de maio de 2011 (2011a).

BRASIL. Supremo Tribunal Federal. **Repercussão Geral no Recurso Extraordinário nº 1.055.941/SP**. Ministro Relator Dias Toffoli. Plenário. Data de Julgamento 12 de abr. de 2018 (2018a).

CINTRA, Antônio Carlos de Araújo; GRINOVER, Ada Pellegrini; DINAMARCO, Cândido Rangel. **Teoria geral do processo**. 31. ed. rev. e ampl. ISSBN 97-85-392-0277-5. São Paulo (SP): Malheiros Editores LTDA, 2015.

LIMA, Renato Brasileiro de. **Manual de processo penal: volume único**. 6. ed. Salvador: Juspodivm, 2018.

LOPES JUNIOR, Aury. **Fundamentos do processo penal.** 3. ed. São Paulo: Saraiva, 2017.

MACEDO, Amilcar Fagundes Freitas. Sigilo bancário e fiscal: possibilidade de o Ministério Público determinar a quebra dos sigilos bancário e fiscal independentemente de autorização judicial. *In:* **Revista Jurídica Tributária**, Porto Alegre, ano 1, n. 3, p. 179-198, out./dez., 2008.

MARTINS, Tiago Misael de Jesus. Investigação Financeira. *In:* **Crimes Fiscais, Delitos Econômicos e Financeiros**. ISSBN 978-85-85257-40-8. 2ª Câmara de Coordenação e Revisão Criminal. Brasília (DF): MPF, 2018.

MINISTÉRIO PÚBLICO FEDERAL (MPF). **Nota técnica nº PGR/ 2ª CCR Nº 14/2019**. 2ª Câmara de Coordenação e Revisão, Brasília (DF): MPF, 2019. Disponível em: http://www.mpf.mp.br/pgr/documentos/nota_tecnica_14_2accr _pl_6064_auditores.pdf/. Acesso em: 23 set. 2019.

NOVELINO, Marcelo. **Curso de direito constitucional**. 14. ed. rev., ampl. e atual. Salvador (BA): Editora Juspodivm, 2019.

PACELLI, Eugênio. **Curso de processo penal.** 21. ed. rev., atual. e ampl. ISSBN 978-85-970-1025-1. São Paulo (SP): Atlas, 2017.

SARAIVA FILHO, Oswald Othon de Pontes. Sigilo Fiscal em face do Ministério Público. *In:* **Revista Fórum de Direito Tributário – RFDT**, Belo Horizonte, ano 12, n. 69, p. 9-47, maio/jun., 2014.

SARLET, Ingo Wolfgan; MARINONI, Luiz Guilherme; MITIDIERO, Daniel. **Curso de direito constitucional**. 7. ed. São Paulo: Saraiva Educação, 2018.

TAVARES, André Ramos. **Curso de direito constitucional**. 15. ed. rev. e atual. São Paulo: Saraiva, 2017.

UNITED STATES OF AMERICA (USA). **Constitucion of the United States (1789)**. Disponível em: https://www.senate.gov/civics/constitution_item/constitution.ht

m/ Acesso em: 07 set. 2019.

UNITED STATES OF AMERICA (USA). United States's Supreme Court. **United States v. Miller, 425 U.S. 435**. Julgamento em: 12 de jan. de 1976. Decidido em: 21 de abr. de 1976. Disponível em: https://supreme.justia.com/cases/federal/us/425/435/ Acesso em: 07 set. 2019.

2

JUDICIALIZAÇÃO DA SAÚDE: PERSPECTIVAS DA ATUAÇÃO DO PODER JUDICIÁRIO

André Thiago Veloso Maia[14]

Leonardo de Oliveira Lopes[15]

Renata Duque Fagundes de Figueiredo[16]

Wilson Medeiros Pereira[17]

Introdução

Cuida-se de pesquisa literária e documental, de natureza analítica e exploratória, referenciada por bibliografia especializada, decisões judiciais e instrumentos normativos. A judicialização da saúde, em sentido amplo, pode envolver

14 Acadêmico do Curso de Direito da Universidade Estadual de Montes Claros (Unimontes).

15 Especialista em Direito pelo Centro Universitário Metodista Izabela Hendrix/MG. Professor do Curso de Direito da Universidade Estadual de Montes Claros (Unimontes). Advogado.

16 Acadêmica do Curso de Direito da Universidade Estadual de Montes Claros (Unimontes).

17 Mestre em Direito pela Universidade Estácio de Sá//RJ. Professor do Curso de Direito da Universidade Estadual de Montes Claros (Unimontes). Juiz Federal (TRF1).

ações de responsabilidade civil, ações penais e também aquelas ligadas à prestação do serviço médico, sendo este último caso o objeto do presente capítulo.

A judicialização da prestação dos serviços em saúde decorre da previsão constitucional de acesso universal à saúde. Trata-se de um dispositivo dotado de carga mandamental que implica, necessariamente, a atuação positiva do Estado para que seja concretizado.

A Constituição da República Federativa do Brasil de 1988 (CRFB/88) determina que nenhuma lesão ou ameaça de lesão poderá ser excluída da apreciação do Poder Judiciário. Contudo, a concreção do acesso aos serviços de saúde encontra barreiras de natureza orçamentária imposta pelo Poder Executivo e às vezes legal, decorrente de produção do Poder Legislativo.

Assim, este estudo tem o objetivo de analisar algumas situações envolvendo a atuação dos poderes constituídos, observando a harmonização do dever de atuação de cada poder com os direitos e vedações previstas no âmbito constitucional e infraconstitucional. Nesse sentido, após percorrer a evolução histórico-legislativo do direito à saúde no Brasil, serão abordados neste trabalho dois princípios que informam a atuação dos poderes e suas aplicações em contextos diferentes, quais sejam: a adequada abstenção do Poder Judiciário frente ao Poder Executivo e a devida intervenção do Poder Judiciário para afastar aplicação de norma elaborada pelo Poder Legislativo.

1 Evolução histórico-legislativa do direito à saúde no Brasil

As questões atinentes à saúde sempre estão presentes na vida do ser humano, incluindo concepções de cunho religioso e místico até explicações mais racionais. Hodiernamente, as compreensões de saúde e de doença se apresentam nas situações cotidianas, desde hábitos alimentares até contratação de serviços especializados, notadamente os de natureza estética, tendo havido uma transformação da saúde em valor individual (BATISTTELA, 2007b). Percebe-se também um acentuado desenvolvimento de novas tecnologias diagnósticas e terapêuticas, o que faz ampliar a pauta da saúde e da doença entre as pessoas.

O conceito de saúde percorre searas variadas, sendo que existem três formulações atualmente: "saúde como ausência de doença", "saúde como bem-estar" e "saúde como valor social".

O modelo biomédico (saúde como ausência de

doença) é o mais difundido e por muito tempo foi hegemônico (CZERESNIA, 2009). Em que pese ser esta também a ideia central nos processos judiciais (RIOS, 2019), encontram-se na legislação brasileira elementos que sugerem o conceito de "saúde como valor social", como, por exemplo, faz alusão a "determinantes".

Os determinantes em saúde compreendem um conjunto de elementos estruturais e históricos que determinam e condicionam a ocorrência e a distribuição de fenômenos alusivos ao processo saúde-doença-cuidado em indivíduos, grupos e populações. Correspondem, também, a fatores de ordem genético-hereditária (determinação biológica), ambiental (determinação ecológica), econômica (determinação econômica), comportamental (determinação cultural) e sócio-sanitária (relacionados com o acesso a serviços de saúde, em quantidade e qualidade compatíveis com a promoção, proteção, manutenção e recuperação da saúde individual e coletiva) (TEIXEIRA; VILASBÔAS; JESUS, 2010).

A saúde pública vem alcançando enormes avanços ao longo do tempo. A partir de uma visão interdisciplinar na promoção e proteção da saúde da população, a vigilância sanitária se mostra como política pública de acentuada importância, sendo conceituada como conjunto de ações destinadas a eliminar, diminuir, prevenir riscos à saúde e de intervir nos problemas sanitários oriundos do meio ambiente, produção e circulação de bens e da prestação de serviços ligados à saúde (BRASIL, 1990).

As ações de vigilância sanitária já se mostravam desde priscas eras, como, por exemplo, no controle das impurezas das águas, na salubridade das cidades e na circulação de mercadorias e indivíduos (COSTA; ROZENFELD, 2000).

Como marco inicial da saúde pública no Brasil, indica-se o ano de 1808 com a chegada da família real portuguesa. Estando o país inserido no mercado internacional, mister se fez controlar as epidemias, bem como contribuir para uma boa aceitação dos produtos brasileiros no comércio externo (COSTA, 1999).

Do ponto de vista histórico da vigilância sanitária no Brasil, citam-se também a criação da Inspetoria de Saúde Pública do Porto do Rio de Janeiro, em 1820, a qual contribuiu para a estruturação de normas destinadas à organização das cidades, dentre as quais, o isolamento de doentes, os cemitérios, os matadouros e as casas de saúde. Em 1832 foi promulgado o Código de Posturas pela Câmara Municipal do Rio de Janeiro, estabelecendo regulamentos para funcionamento de fábricas.

As ações de vigilância sanitária mantiveram presentes em todas as fases da monarquia, bem como na transição para a república até os dias atuais. Como consequência da 2ª Guerra Mundial, ocorreu um crescimento da indústria química, farmacêutica e de agrotóxicos, exigindo a atuação das políticas de vigilância sanitária.

Em 1953, além da criação do Ministério da Saúde, foi marcado também pela promulgação da Lei n. 1.944, que tornou obrigatória da iodetação do sal de cozinha, figurando como importante iniciativa para controle de doenças. No ano de 1954 foi criado o Laboratório Centro de Controle de Drogas e Medicamentos (LCCDM) e, em 1961, editado o Código Nacional de Saúde.

Ainda na evolução histórica, registre-se o Decreto-Lei 986/1969 que estabeleceu regulamentação básica para alimentos. Na década seguinte, ocorreram diversas alterações na legislação sanitária, dentre as quais podem ser citadas, na área de alimentos, as Leis 5.991/1973, 6.360/1976 e 6.368/1976, e no setor de medicamentos, a Lei 6.437/1977 (COSTA; ROZENFELD, 2000). Também em 1976 é criada a Secretaria Nacional de Vigilância Sanitária, pelo Decreto 79.056, com atribuição principal consistente no controle da qualidade dos produtos de interesse da saúde.

Em 1981 é criado o Instituto Nacional de Controle

de Qualidade em Saúde (INCQS), com a transferência do Laboratório Oficial para a Fundação Oswaldo Cruz.

No início, a atuação da Secretaria Nacional de Vigilância Sanitária era muito limitada, percorrendo apenas a análise de documentos, desprovida de uma inspeção propriamente dita (LUCCHESE, 2006).

Na década de 1980 foram realizados no país, o Seminário Nacional de Vigilância Sanitária, pregando a necessidade de estabelecimento de uma política nacional de saúde, e também a Conferência Nacional de Saúde do Consumidor, a qual desaguou na criação do Código de Defesa do Consumidor (Lei 8.078/1990). Nessa mesma década surgiram diversos conflitos institucionais, notadamente em relação aos produtores de medicamentos (antidistônicos), de gelatinas e sucos (conservantes em quantidade exagerada), importadores de leite e de carne (originários da área de influência do acidente de Chernobyl), além do acidente radioativo de Goiânia. Esse quadro contribuiu para o retrocesso nas ações de vigilância sanitária no Brasil (COSTA, 1999).

A Constituição da República de 1988 trouxe previsões muito claras para a área da saúde, atribuindo prerrogativa ao sistema único de saúde (SUS) para controlar e fiscalizar procedimentos, produtos e substâncias, inspecionar alimentos e bebidas para consumo do ser humano (BRASIL, 1988).

Seguindo a determinação constitucional, é promulgada a Lei 8.080/1990 que regulamentou o Sistema Único de Saúde (SUS), sendo a Secretaria Nacional de Vigilância Sanitária transformada em Secretaria de Vigilância Sanitária (SVS). A partir de então se iniciou um processo de desregulamentação objetivando atender às demandas do empresariado de produção (LUCCHESE, 2006).

Na década de 90 (1990) surgiram inúmeros casos de falsificação de medicamentos, sendo que muitos desses fármacos foram registrados no país. Neste cenário, é criada a Agência Nacional de Vigilância Sanitária (ANVISA) pela Medida Provisória n. 1.791/1998, convertida na Lei 9.782/1999, cabendo-lhe, dentre outras atribuições, coordenar o sistema nacional de vigilância sanitária e estabelecer normas, acompanhar e executar políticas, as diretrizes e ações relacionadas ao setor sanitário (BRASIL, 1999).

A partir da Constituição da República de 1988, o direito à saúde passou a ser amplamente discutido, sendo os pleitos encaminhados ao Poder Judiciário. Com o excessivo crescimento da judicialização da saúde, tornou-se necessária e urgente a discussão sobre os parâmetros utilizados pelos magistrados na tomada de decisões.

O Sistema Único de Saúde (SUS) conta com diversas ferramentas ligadas à incorporação de novas tecnologias. Com o advento da Lei 12.401/2011, a Lei 8080/1990 (Lei do SUS) foi alterada para exigir que na incorporação de novas tecnologias fossem consideradas as evidências científicas sobre a eficácia, a acuraria, a efetividade e a segurança do medicamento, produto ou procedimento (art. 19-Q, 2º, I). Esta previsão consagra no Brasil a chamada medicina baseada em evidências (MBE).

A incorporação de novos medicamentos e novas tecnologias no SUS está condicionada à análise prévia da Comissão Nacional de Incorporação de Tecnologias (CONITEC).

Isto posto, mostra-se relevante o confronto destes instrumentos, sobretudo pela previsão constitucional do direito à saúde, mas também pela necessidade de verificar a viabilidade técnica de medicamento ou produto.

2 Princípios e fundamentos

Para estudar a atuação do Poder Judiciário em questões de saúde e suas tecnologias, faz-se necessário analisar as disposições constitucionais acerca da dignidade da pessoa humana, o princípio da separação dos poderes, o direito à saúde e os elementos componentes do adequado acesso aos serviços de saúde.

Inicialmente, a CRFB/88 coloca entre os fundamentos do estado brasileiro a dignidade da pessoa humana. Embora seja antiga a discussão do conceito, este ainda se encontra em construção. Como ensina Fernandes (2014), a dignidade da pessoa humana já foi tratada como um conceito sacro e também como expressão da posição social do indivíduo. Com o iluminismo alemão veio a dessacralização do conceito de dignidade humana, com o indivíduo sendo colocado como fim em si mesmo e não como um mero meio das relações humanas. Reconhece-se assim as particularidades de cada indivíduo, sendo este insubstituível e dotado de importância perante a ordem jurídica. Para o autor, a dignidade da pessoa humana é meta-princípio, irradiando "valores e vetores de interpretação para todos os demais direitos fundamentais, exigindo que a figura humana receba sempre um tratamento moral condizente e igualitário" (FERNANDES, 2014). Assim, a atuação do Estado deve ser pautada pela dignidade da pessoa humana, sendo dever dos poderes estabelecidos agir para resguardá-la e concretizá-la.

Outrossim, o artigo 2º da CRFB/1988 determina a

separação dos poderes em Executivo, Legislativo e Judiciário de forma independente e harmônica. Conforme Fernandes (2014), as bases do princípio da separação dos poderes são encontradas no pensamento de Aristóteles, que previa a conveniência em dividir as funções de administração do governo e as funções de solução de litígios entre os administrados. Ainda segundo Fernandes (2014), Montesquieu percebeu que seria conveniente que as funções estatais, administrativa e de solução de litígios, fossem interligadas, mas com autonomia e independência de cada uma, surgindo então a teoria dos freios e contrapesos. Assim, aos poderes estabelecidos, Executivo, Legislativo e Judiciário, é atribuída a função de fiscalizar e limitar a atuação reciprocamente, preservando o equilíbrio. Para fins da presente discussão, torna-se necessária a análise atuação do Poder Judiciário sobre a ação ou inação do Poder Executivo na seara dos serviços em saúde pública, e sobre a atuação frente à produção normativa do Poder Legislativo, especialmente no que tange ao controle de constitucionalidade.

Por outro lado, o acesso aos serviços de saúde pública contempla não somente a utilização propriamente dita do sistema de saúde, mas também diz respeito à detecção e eliminação de barreiras decorrentes da legislação vigente, do local ou região em que habita o indivíduo e das condições culturais e socioeconômicas das pessoas (TESSLER, 2020). O acesso aos serviços de saúde deve contemplar: a não-discriminação, acessibilidade física, acessibilidade econômica, o acesso à informação, a disponibilidade e aceitação. O elemento da não-discriminação propõe que o uso dos serviços de saúde esteja ao alcance de todos, sem discriminação, principalmente dos grupos vulneráveis. A acessibilidade física deve ser ampla, respeitando-se as limitações e barreiras físicas de determinados grupos, a exemplo das pessoas com deficiência. A acessibilidade econômica diz respeito ao custo financeiro do acesso às tecnologias de saúde. O acesso à informação impõe o dever de divulgação pela administração de informações de saúde e o direito do cidadão em buscá-las e recebê-las. O pilar da disponibilidade é a existência propriamente dita de serviços, instalações e recursos materiais em saúde em quantidade e no tempo adequados. Por último, conforme o pilar da aceitabilidade, o sistema de saúde deve ser compatível com a ética médica e respeitar a cultura da comunidade, das minorias e do indivíduo que o utiliza. (GEBRAN NETO; SCHULZE, 2015)

3 Abstenção do Poder Judiciário

Falhas no sistema de saúde pública,

subfinanciamento e desinformação são algumas das causas do fenômeno conhecido como judicialização da saúde, que pode trazer consequências positivas ou negativas a depender dos casos (TESSLER, 2020). Dentre os pontos positivos, cabe destacar a possível incorporação de tratamentos inusitados ao Sistema Único de Saúde (SUS) e a aceleração da resposta administrativa, como ocorreu no caso do coquetel antirretroviral HIV. No entanto, o crescimento exacerbado de demandas em saúde no Judiciário traz consequências negativas, visto que prejudica a autonomia do Sistema de Saúde e sua própria manutenção com relação a outras áreas, desequilibra a tripartição de poderes e suas respectivas competências, além de quebrar a padronização e, portanto, a isonomia entre os destinatários dos serviços de saúde.

A situação ideal é que não fosse necessária a judicialização para a concretização do direito fundamental à saúde, previsto no artigo 196 da CRFB/88 "como direito de todos e dever do Estado, garantido mediante políticas sociais e econômicas que visem à redução do risco de doença e de outros agravos e ao acesso universal e igualitário às ações e serviços para sua promoção, proteção e recuperação." Contudo, os sistemas de saúde não são capazes de atender a todos ao mesmo tempo, o que faz com que as pessoas busquem a efetivação de seu direito através da via judicial.

O problema consiste, em grande parte, na compreensão do direito fundamental à saúde sem uma interpretação mais abrangente da norma, não sendo possível resolver uma questão com abordagem isolada da teoria dos direitos fundamentais e, ademais, sem levar em consideração o aspecto coletivo dessa garantia constitucional. Assim, a fim de concretizar o direito ao acesso à saúde voltado à coletividade, o Estado elabora políticas públicas, que vêm acompanhadas de previsão orçamentária específica, além de seguirem diretrizes estabelecidas por órgãos competentes que baseiam a incorporação e aplicação das tecnologias em saúde em critérios clínicos e científicos, amparados pela Medicina Baseada em Evidências (SCHULZE, 2016).

Por isso, o grande volume de decisões judiciais em saúde pública impacta o orçamento dos estados e municípios, além de desequilibrar a relação entre os Poderes da República. Nesse sentido, o Poder Judiciário não pode assumir a gestão das políticas públicas, responsabilidade do Poder Executivo e seus membros, que estão aptos a administrar os recursos disponíveis e aplicá-los, haja vista possuírem uma visão mais ampla do sistema de saúde brasileiro.

4 Intervenção do Poder Judiciário

Por outro lado, os direitos fundamentais demandam não raras vezes a intervenção do Poder Judiciário, eis que a legislação infraconstitucional parece contrariar o disposto na CRFB/1988. Ao ser analisada a Lei n° 9.263/1996, também conhecida como Lei de Planejamento Familiar, observa-se a permanência de disposições anacrônicas que contrariam o texto constitucional ao cercear direitos fundamentais, principalmente das mulheres, como os direitos sexuais e reprodutivos, além do direito à saúde.

A referida lei estabelece em seu artigo 10°, § 5°, a obrigatoriedade do consentimento expresso de ambos os cônjuges, na vigência da sociedade conjugal, para a realização de esterilização voluntária, além de uma série de restrições à realização dos procedimentos (inciso 1° do mesmo artigo), disponíveis inclusive no Sistema Único de Saúde (SUS).

Não obstante a Lei de Planejamento Familiar estabeleça restrições para ambos os sexos, o que pressupõe igualdade formal (PSB, 2018), há de se salientar que no contexto fático brasileiro a realidade não é a mesma para homens e mulheres, haja vista a manutenção de ideias machistas refletidas, inclusive, na legislação pátria. Dessa forma, ao restringir a realização do procedimento de laqueadura tubária à autorização expressa do cônjuge a norma infraconstitucional contraria o princípio da autonomia privada e a autodeterminação, além de privar a mulher de seu direito à saúde reprodutiva "que pode ser definida como um estado de completo bem-estar físico, mental e social, e não de mera ausência de enfermidade ou doença, em todos os aspectos relacionados ao sistema reprodutivo e a suas funções e processos" (ANADEP, 2014).

Diante dessa contradição da legislação ordinária, estão em tramitação no Supremo Tribunal Federal (STF) duas Ações Diretas de Inconstitucionalidade, que requerem a declaração de inconstitucionalidade do artigo 10°, § 5° Lei n. 9.263/1996 (ADI 5097), e também do inciso I do mesmo artigo (ADI 5.911), aquela tendo sido proposta pela Associação Nacional de Defensores Públicos (ANADEP) e esta, pelo Partido Socialista Brasileiro (PSB), que buscam no Poder Judiciário, em sua competência de controle de constitucionalidade, reparar inconformidades presentes no ordenamento jurídico brasileiro. Ambos os requerentes argumentam no sentido da violação que as referidas disposições da Lei de Planejamento Familiar cometem contra os direitos fundamentais, em especial das mulheres.

> Assim, ao condicionar a realização do procedimento de esterilização à anuência do cônjuge, bem como à idade de 25 anos ou à existência de dois filhos vivos, chegando ao cúmulo de tipificar como crime a realização da laqueadura sem o preenchimento desses requisitos (art. 15 da Lei n. 9.263/96), os dispositivos ora questionados vulneram o princípio da dignidade da pessoa humana (art. 1º, III, CF), a liberdade individual e o direito à autonomia privada (art. 5º, caput, CF). (ADI 5.911)

Considerações finais

Diante do exposto, percebe-se que há certa complexidade na análise das demandas judiciais que envolvam a prestação de serviços em saúde pública. Primeiramente, há que se observar no caso concreto a aplicação da dignidade da pessoa humana, considerado valor fonte em nosso ordenamento jurídico. Por outro lado, o princípio da separação dos poderes impõe restrições à intervenção de um poder nas competências de outro, mas permitindo a interferência em situações pontuais quando há risco de violação a direito fundamental.

A atuação dos poderes deverá ser ponderada, sempre levando em consideração, entre outros aplicáveis, os princípios aqui apresentados. Ademais, constituem elementos do acesso ao sistema de saúde a não-discriminação, acessibilidade física, acessibilidade econômica, o acesso à informação, a disponibilidade e aceitação.

O fenômeno da judicialização da saúde exige um constante diálogo institucional entre os sistemas de justiça e de saúde. Os instrumentos/protocolos técnicos elaborados pelas equipes da saúde, sobretudo quanto à adoção de tecnologias e eficácia dos procedimentos e fármacos, devem ser observados pelo julgador.

Referências

Associação Nacional de Defensores Públicos – ANADEP. **Petição inicial ADI 5.097 de 13 de março de 2014.** Disponível em: http://redir.stf.jus.br/estfvisualizadorpub/jsp/consultarprocesso eletronico/ConsultarProcessoEletronico.jsf? seqobjetoincidente=4542708. Acesso em: 22 set. 2020.

BATISTELLA, Carlos. **Saúde, doença e cuidado: complexidade teórica e necessidade histórica**. In: FONSECA, Angélica Ferreira; CORBO, Ana Maria D'Andrea (org.). O território e o processo saúde-doença. Rio de Janeiro: Fundação Oswaldo Cruz: Escola Politécnica de Saúde Joaquim Venâncio, 2007b. p. 25-49

BRASIL. **Constituição da República Federativa do Brasil de 1988.** Brasília, DF: Presidência da República, 1988. Disponível em: http://www.planalto.gov.br/ccivil_03 /constituicao/constituicao.htm. Acesso em: 25 set. 2020.

BRASIL. **Lei n. 8.080, de 19 de setembro de 1990**. Dispõe sobre as condições para a promoção, proteção e recuperação da saúde, a organização e o funcionamento dos serviços correspondentes e dá outras providências. Brasília, DF: Presidência da República, 1990a. Disponível em: http://www.planalto.gov.br/ccivil_03/leis/l8080.htm. Acesso em: 22 abr. 2020.

BRASIL **Lei nº 9.263 de 12 de janeiro de 1996**. Regula o § 7º da Constituição Federal, que trata do planejamento familiar, estabelece penalidades e dá outras providências. Brasília, DF: Presidência da República, 1988 Disponível em: https://www.planalto.gov.br/ccivil_03/leis/l9263.htm. Acesso em: 24 set. 2020.

BRASIL. **Lei nº 9.782, de 26 de janeiro de 1999**. Define o Sistema Nacional de Vigilância Sanitária, cria a Agência Nacional de Vigilância Sanitária, e dá outras providências. Diário Oficial [da] República Federativa do Brasil, Brasília, DF, 27 de janeiro de 1999.

CZERESNIA, Dina. **O conceito de saúde e a diferença entre prevenção e promoção**. *In*: CZERESNIA, Dina; FREITAS, Carlos Machado de (org.). **Promoção da Saúde: conceitos, reflexões e tendências**. Rio de Janeiro: Editora Fiocruz, 2009.

COSTA, E. A. **Vigilância Sanitária: proteção e defesa da saúde**. São Paulo, Hucitec, Sociedade Brasileira de Medicamentos, 1999.

COSTA, E. A; ROZENFELD, S., 2000. **Constituição da Vigilância Sanitária no Brasil**. *In*: ROZENFELD, S., org. Fundamentos da Vigilância Sanitária. Rio de Janeiro, Ed. Fiocruz, 2000.

FERNANDES, B. G. **Curso de direito constitucional.** Salvador/BA: *Jus*PODIVM, 2014. 386 p.

Partido Socialista Brasileiro – PSB. **Petição inicial ADI 5.911 de 08 de março de 2018.** Disponível em: http://redir.stf.jus.br/estfvisualizadorpub/jsp/consultarprocesso eletronico/ConsultarProcessoEletronico.jsf?

seqobjetoincidente=5368307. Acesso em: 21 set. 2020.

GEBRAN NETO, João Pedro; SCHULZE, Clênio Jair. **Direito à saúde. Análise à luz da judicialização.** Porto Alegre: Verbo Jurídico, 2015.

LUCCHESE, G. **A Vigilância Sanitária no Sistema Único de Saúde.** *In*: DE SETA, M. H. (Org.). Gestão e vigilância sanitária: modos atuais do pensar e fazer. Rio de Janeiro, Editora Fiocruz, 2006.

RIOS, Sadraque Oliveira. Decisões liminares na judicialização do direito à saúde pública. Salvador: EDUFBA, 2019.

SCHULZE, Clênio Jair. **Medicina baseada em evidências.** Empório do direito, 02/02/2016. Disponível em: https://emporiododireito.com.br/leitura/medicina-baseada-em-evidencias-por-clenio-jair-schulze. Acesso em 25 set. 2020.

TEIXEIRA, Carmen Fontes; VILASBÔAS, Ana Luiza Queiroz; JESUS, Washington Luiz Abreu de. **Proposta metodológica para o planejamento no Sistema Único de Saúde**. *In*: TEIXEIRA, Carmen Fontes (org.). Planejamento em saúde: conceitos, métodos e experiências. Salvador: EDUFBA, 2010.

TESSLER, Marga Inge Barth. **Saúde judicializada. Questões complexas.** Webinário Enfam, 24/07/2020. Disponível em https://www.enfam.jus.br/wp-content/uploads/2020/07/Quest%C3%B5es-complexas-sa%C3%Bade.pdf. Acesso em: 25 set. 2020.

3

"MANDA NUDES": AS QUESTÕES DE GÊNERO IMERSAS NA PROBLEMÁTICA DA EXPOSIÇÃO PORNOGRÁFICA NÃO CONSENTIDA

Ana Virgínia da Cruz Prais[18]
Leonardo de Oliveira Lopes[19]

Introdução

O presente estudo aborda o fenômeno da exposição pornográfica não consentida sob uma perspectiva de gênero, com apresentação de conceitos básicos atinentes ao tema e análise de algumas inovações legislativas sobre o assunto.

Para tanto, utiliza-se o método de pesquisa dedutivo, em que se parte de observações gerais acerca de

18 Graduação em Direito pela Universidade Estadual de Montes Claros (Unimontes).
19 Especialista em Direito pelo Centro Universitário Metodista Izabela Hendrix/MG. Professor do Curso de Direito da Universidade Estadual de Montes Claros (Unimontes). Advogado.

questões de gênero e violência doméstica para se chegar aos aspectos específicos ligados à exposição pornográfica não consentida. O trabalho também conta com o método histórico em conjunto com o comparativo, e técnicas de pesquisa bibliográfica e documental.

Ressalta-se que o debate sobre o tema é relativamente recente, com pouco material específico, pelo que se utiliza, além de doutrinas clássicas, bibliografia disponível em *sites* e *blogs*. Cuidou-se, contudo, de selecionar o material de forma que a seriedade e veracidade das informações não fossem comprometidas.

A exposição pornográfica não consentida apresenta-se como uma dentre as diversas manifestações da dominação masculina, externando noções de sexualidade e gênero imersas na sociedade. Em razão disso, aprofunda-se na análise de questões ligadas ao gênero e à sexualidade, esta compreendida através de uma construção histórica, cultural e social, e não apenas em seu aspecto biológico, em uma breve retrospectiva histórica, com análise de clássicos como Simone de Beauvoir e Pierre Bourdieu.

Ademais, analisa-se como a internet facilitou a disseminação de conteúdos íntimos e como essa divulgação viola, ao mesmo tempo, a dignidade sexual e o direito à privacidade. Por fim, busca-se abordar a influência dos estereótipos de gênero no sistema punitivo brasileiro e apresentam-se sugestões para o enfrentamento à exposição pornográfica não consentida no Brasil.

1 Breve histórico sobre questões de gênero e sexualidade

Os estudos relacionados à exposição pornográfica não consentida apontam que as suas principais vítimas são mulheres, de modo que são também elas que sofrem os maiores e significativos impactos em decorrência dessas condutas.

A exposição pornográfica não consentida é um termo amplo, que engloba diversas variantes, como pornografia de vingança, sextorsão, entre outros. Caracteriza-se como "a disseminação não autorizada de imagem de nudez total, parcial ou mídias que retratam ato sexual" (CASTRO; SYDOW, 2019, p. 41).

É dizer, haverá exposição pornográfica não consentida tanto quando a captura das imagens se der sem o consentimento da pessoa envolvida, como também quando fotos, vídeos e/ou áudios, apesar de registrados com o consentimento, geralmente no contexto de um relacionamento privado, íntimo, forem posteriormente divulgados sem autorização.

A exposição pornográfica não consentida é, indubitavelmente, forma de violência de gênero que reflete o padrão cultural e histórico de disparidade nas relações de poder entre homens e mulheres. Por essa razão, é forçoso abordar as diversas perspectivas de gênero, sem se perder de vista, contudo, que outras questões como nacionalidade, etnia, raça, idade, classe social e orientação sexual, embora não sejam objeto do presente estudo, influenciam sobremaneira nos impactos desse tipo de violência em determinados grupos.

Sexo e gênero são dimensões distintas. Simone de Beauvoir (1949), uma das precursoras na abordagem de questões de gênero, buscou afastar o determinismo advindo dos aspectos biológicos, demonstrando que o gênero é construído socialmente e não algo natural dos indivíduos, ou seja, não se confunde com os aspectos anatômicos e fisiológicos do sexo biológico.

Castro e Sydow (2018, *apud* RUBIN, 1984) dialogam com outro importante estudo sobre gênero e sexualidade, publicado pela antropóloga Gayle Rubin em 1984, para quem todas as sociedades possuem um sistema "sexo/gênero" que é composto pelo arranjo do aspecto biológico do sexo e da procriação delineado pela intervenção humana e social. É dizer, "sexo, gênero e procriação estão sujeitos a atividades sociais e são por elas modificados" (CASTRO; SYDOW, 2018, p. 33).

Na sequência, destacam os estudos de Joan Scott, que abordou gênero sob dois aspectos: gênero é, de um lado, "um elemento constitutivo das relações sociais baseado nas diferenças percebidas entre os sexos" (CASTRO; SYDOW, 2018, p. 34 *apud* SCOTT, 1986) e, de outro, apresenta-se como uma das formas primitivas de hierarquização e articulação do poder, isto é, os conceitos de gênero estruturam e constroem as relações de poder por meio de uma organização simbólica e ao mesmo tempo concreta de toda a vida social.

Em síntese, Castro e Sydow (2018) concluem que o gênero deve ser compreendido pela análise de três dimensões variáveis que se inter-relacionam: corpo, identidade e expressão. O corpo liga-se aos caracteres físicos, biológicos, nem sempre em disposição binária, porquanto os autores mencionam a existência de condições congênitas que fazem com que o desenvolvimento do sexo anatômico se dê de forma atípica.

A dimensão da identidade, por sua vez, está ligada à experiência individual de cada um com seu próprio gênero; é dizer, representa quem a pessoa acredita ser. Por fim, a dimensão da expressão representa os contornos do corpo, a forma com que cada um se apresenta e é percebido pela sociedade a qual pertence. Já a orientação sexual, comumente confundida com as dimensões de gênero, relaciona-se, na verdade, com os sentimentos ou desejos a que cada pessoa se inclina (CASTRO; SYDOW, 2018).

A compreensão do gênero como uma construção social que reflete as diferenças psicológicas, culturais e sociais entre machos e fêmeas é imprescindível para vislumbrar que, se há diferenças de tratamento entre homens e mulheres, elas não decorrem meramente das distinções biológicas, mas sim de complexa construção social.

De todo modo, apesar dos significativos avanços obtidos pelo movimento feminista e pós-feminista, a dominação masculina – não raras vezes ainda justificada pelas distinções biológicas – persiste e é perpetuada pelas principais instituições, como família, igreja, escola e Estado, tanto de forma expressa, como de maneira sutil, velada, atuando sobre as estruturas inconscientes (BOURDIEU, 1998).

A família, principal reprodutora da dominação masculina, precocemente impõe a divisão sexual do trabalho. A igreja, historicamente marcada pela visão de inferioridade das mulheres e pelos valores patriarcais, repassa a dominação masculina pelos simbolismos religiosos, como os textos sagrados que evidenciam a "inata" hierarquia sexual. A escola, por sua vez, ainda reprodutora da estrutura sexista, é apontada por Bourdieu (1998) como uma das instituições mais decisivas de mudança na relação entre os sexos. Por fim, o Estado, por meio da regulamentação das unidades domésticas, ratifica e reforça a divisão conservadora da família patriarcal e da hierarquização dos gêneros, reproduzindo os princípios fundamentais da visão androcêntrica.

As estruturas inconscientes atuam de forma que a divisão entre os sexos parece ser inevitável, porquanto a superioridade masculina soa como óbvia, inquestionável, a ponto de dispensar qualquer justificação. É o que diz Simone de Beauvoir (1949), na tentativa de explicar que a pretensa superioridade masculina é uma construção social iniciada desde a infância, de modo que "ninguém nasce mulher: torna-se mulher" (BEAUVOIR, 1949, p. 267). A autora, sem negar a existência de diferenças biológicas entre homens e mulheres, defende que os papéis destinados a cada sexo não possuem justificativa científica. O homem, amparado pela falsa ideia de superioridade de suas características biológicas, tornou-se soberano, delegando à mulher o papel do "Outro", ou seja, um ser derivado do homem e para ele criado:

> A história mostrou-nos que os homens sempre detiveram todos os poderes concretos; desde os primeiros tempos do patriarcado, julgaram útil manter a mulher em estado de dependência; seus códigos estabeleceram-se contra ela; e assim foi que ela se constituiu concretamente como Outro. Esta condição servia os interesses dos homens, mas convinha também a suas pretensões ontológicas e morais. Desde que o sujeito busque afirmar-se, o Outro, que o limita e nega, é- lhe, entretanto, necessário: ele só se atinge através dessa realidade que ele não é. [...] Todos os mitos da criação exprimem essa convicção preciosa do macho e, entre outras, a lenda do Gênese que, através do cristianismo, se perpetuou na civilização ocidental. Eva não foi criada ao mesmo tempo que o homem; não foi fabricada com uma substância diferente, nem com o mesmo barro que serviu para moldar Adão: ela foi tirada do flanco do primeiro macho. Seu nascimento não foi autônomo; Deus não resolveu espontaneamente criá-la com um fim em si e para ser por ela adorado em paga: destinou-a ao homem. Foi para salvar Adão da solidão que ele lha deu, ela tem no esposo sua origem e seu fim; ela é seu complemento no modo do inessencial. E assim ela surge como uma presa privilegiada. É a natureza elevada à transparência da consciência, uma consciência naturalmente submissa. (BEAUVOIR, 1949, p. 158/159).

Embora ainda persista a visão do papel secundário da mulher, Beauvoir (1949) afirma que, inicialmente, os recém-nascidos são tratados de maneira igual, porquanto os anseios de meninos e meninas não se distinguem. Contudo, a menina passa a ser estimulada a ser sensível, meiga, bondosa, carinhosa, casta e prendada. Os meninos, por sua vez, são estimulados a demonstrarem coragem, racionalidade e agressividade, evidenciando que as divisões sexuais contêm também divisões afetivas implícitas. Beauvoir (1949) externa que às meninas desde cedo é ensinada a passividade, a espera pelo "príncipe encantado" para alcançar o ápice da sua vida, que é tornar-se esposa e, posteriormente, mãe, assim como nos contos de fadas, sempre doutrinadas a renunciar a sua autonomia para agradar ao Outro.

A puberdade é outro fator de separação entre os sexos: as transformações corporais dos meninos simbolizam a virilidade, enquanto as mudanças das meninas são contidas pelos limites da feminilidade. A menina, agora já adolescente, tem suas saídas controladas: exige-se dela que fique em casa, que renuncie seus divertimentos e prazeres, que cuide de sua honra, enquanto aos meninos é dada uma grande liberdade (BEAUVOIR, 1949).

A iniciação sexual dos meninos e das meninas, por certo, também se dá de maneira díspare: a virgindade e o recato da moça são suas maiores virtudes, não devendo, por isso, demonstrar interesse sexual, ao passo que para os rapazes as investidas sexuais são incentivadas. Dessa forma, ressalta Beauvoir (1949) que a menina, desde pequena objetificada em sua boneca, agora mulher, continua objeto para servir – inclusive sexualmente – ao outro. E acrescenta:

> O "destino anatômico" do homem é, pois, profundamente diferente do da mulher. Não é menos diferente a situação moral e social. A civilização patriarcal destinou a mulher à castidade; reconhece-se mais ou menos abertamente ao homem o direito de satisfazer seus desejos sexuais ao passo que a mulher é confinada no casamento: para ela, o ato carnal, não sendo santificado pelo código, pelo sacramento, é falta, queda, fraqueza; ela tem o dever de defender sua virtude, sua honra; se "cede", se "cai", suscita o desprezo; ao passo que até na censura que se inflige ao seu vencedor há admiração. (BEAUVOIR, 1949, p. 358).

No mesmo sentido, Pierre de Bourdieu (1998) sustenta que a relação sexual, em si, é uma relação de dominação, pois representa apropriação e posse do corpo da mulher. Tem-se, de um lado, o masculino, ativo, que expressa o desejo de dominar, e, de outro, o feminino, passivo, com desejo de ser dominado pelo masculino de uma maneira erotizada. Bourdieu (1998) utiliza os termos *habitus* e capital cultural incorporado para se referir à capacidade de incorporação de certa estrutura social pelos seus agentes por meio de disposições para o seu modo de ser, agir, pensar e sentir, de sorte que apresenta como universal a maneira particular de ser dos dominantes, dispensando qualquer justificação.

> A força simbólica é uma forma de poder que se exerce sobre os corpos, diretamente, e como que por magia, sem qualquer coação física; mas essa magia só atua com o apoio de predisposições colocadas, como molas propulsoras, na zona mais profunda dos corpos. (BOURDIEU, 1998, p. 50).

Assim, na gênese do *habitus* destacada por Bourdieu (1998), a experiência feminina com o próprio corpo se resume no "corpo-para-o-outro", ou seja, o corpo sempre exposto à objetificação pelo olhar e pelo discurso de terceiros. Nesse cenário, o que se entende como característica deste ou daquele sexo é fruto da experiência coletiva repetida ao longo de gerações, dos estereótipos de gênero que, embora naturalizados, são impostos como naturais.

Castro e Sydow mencionam que Foucault entendia sexualidade como o nome dado "(...) a um dispositivo histórico constituído por uma rede de estratégias de prazeres e poderes, na qual controles e resistências são encadeados entre si" (CASTRO; SYDOW, 2018, p. 15 *apud* FOUCAULT,

2011). Na sequência, analisam a sexualidade sob três dimensões: a dimensão biológica (ligada ao impulso sexual para a procriação e manutenção da espécie), a psicológica e a cultural (ligadas ao desejo erótico, fantasias e padrões de comportamentos impostos e reprimidos historicamente, variáveis conforme os costumes de cada sociedade, valores religiosos e códigos jurídicos dominantes).

Noutro giro, Castro e Sydow (2018) destacam três momentos do desenvolvimento da sexualidade no mundo ocidental: o primeiro, influenciado pelo cristianismo, condenava as práticas sexuais destinadas ao prazer. O segundo, ocorrido entre os séculos XII e XIII, ainda inspirado nos valores cristãos, sacralizou o sexo no matrimônio, norma cujo cumprimento era assegurado tanto pela igreja quanto pelo estado, para o bem das famílias. No terceiro momento, entre os séculos XVIII e XIX, a regulação religiosa foi gradualmente substituída por outros campos do conhecimento, passando a sexualidade a ser objeto também da medicina e da educação.

De todo modo, o rigoroso controle da sexualidade exercido pela Igreja Católica na cultura ocidental acarretou o repúdio ao prazer sexual. Sousa (2017) afirma que desde o Brasil Colônia as mulheres precisavam seguir os padrões impostos pela igreja no exercício de sua sexualidade: deviam ser assexuadas, submissas ao marido, esposas e mães exemplares, com fama e imagem de honestas para preservar a moral da família. As desviantes eram denunciadas pela própria sociedade e passavam a ser vistas como mulheres da rua e, por isso mesmo, impróprias para o casamento.

Sustentam Castro e Sydow que os estereótipos de gênero fadam a mulher à castidade, vez que ela geralmente é julgada quando demonstra apetite sexual, ao passo que a externalização da sexualidade masculina é incentivada. Destaca-se:

> Os estereótipos de gênero, do qual resultam as expectativas sociais, os preconceitos, os estigmas e a discriminação, têm direta influência nas atitudes sexuais das pessoas. O sentimento de posse e o desejo por dominação são marcas da sexualidade masculina tanto quanto a submissão e a vontade de satisfazer são marcas da sexualidade feminina. Na mesma medida que o homem é, diuturnamente, incitado a demonstrar virilidade e potência (cultura do macho), a mulher é rotulada e hostilizada por ter libido ou apetite (cultura da vagabunda) (CASTRO; SYDOW, 2018, p. 87/88).

Fato é que as mulheres que resistem à lógica imposta – de apenas interpretar os papéis a elas designados

– são punidas e relembradas pelo poder hierarquizado, pois o tratamento dado à mulher no espaço público é fruto da dominação simbólica aqui evidenciada. E é justamente pelo fato de ser uma construção social que essa dominação pode, de maneira paulatina, ser desconstruída, assim como sugerem Beauvoir (1949) e Bourdieu (1998), através de mudanças nas estruturas das grandes instituições. Afirmam Castro e Sydow (2019, p. 78): "(...) a ação reiterada dos indivíduos pode ser tanto garantidora do *status quo*, como vetor de mudança".

Nesse contexto, a exposição pornográfica não consentida é uma das respostas sociais negativas à subversão do papel sexual a que estão fadadas as mulheres. Aqui, a mulher é punida porque resolveu tomar decisões autônomas sobre sua própria sexualidade, por exemplo, rompendo com um relacionamento amoroso e, por essa razão, tem seu corpo e sua intimidade expostos de maneira vexatória, afinal, "por que se deixou gravar?".

Com efeito, a humilhação pública de mulheres em razão de suas práticas sexuais, comportamento naturalizado e reforçado pelos sistemas de opressão de gênero, encontrou na internet uma nova forma de expressão, reproduzindo, no mundo virtual, as estruturas sociais existentes no "mundo real".

2 Internet, crimes e direito à privacidade

A internet é atualmente um dos principais meios de comunicação que interliga pessoas e computadores no mundo inteiro. Segundo Pezzi (2007), a internet surgiu no final da década de 1960 como estratégia do governo estadunidense para se defender de ataques nucleares soviéticos por meio da criação de redes locais conectadas por redes de telecomunicação geográfica estrategicamente dispostas pelo país, de modo que a comunicação seria mantida ainda que algum dos pontos conectados fosse destruído.

Contudo, a difusão da internet como meio de comunicação em massa apenas se deu em meados de 1989, com a criação da rede mundial denominada *World Wide Web* (WWW), emergindo o ciberespaço, ou realidade virtual, que facilita o acesso a informações, produtos e serviços, além de encurtar distâncias físicas, tudo de maneira quase instantânea. Paralelamente ao ciberespaço, há a cibercultura, composta pelo conjunto de práticas e valores desenvolvidos em razão do primeiro, refletindo mais uma das particularidades das relações humanas, uma vez que os usuários da rede expõem seus sentimentos e constroem relações sociais que, de uma forma ou de outra, compõem a vida "real" (PEZZI, 2007).

Nesse cenário, também a manifestação da sexualidade sofreu influência da Era Digital. A esse fenômeno, Castro e Sydow deram o nome de tecnossexualidade:

> A tecnossexualidade é uma convergência entre as formas de comunicação tecnológicas e a construção da identidade sexual, vale dizer, a nossa autorreferência baseada em regras, convenções, padrões e costumes dos grupos sociais com os quais nos identificamos aliada aos fatores biopsicológicos individuais (CASTRO; SYDOW, 2018, p. 132).

Dessa forma, a manifestação da sexualidade na contemporaneidade já possui um elo com o uso dos meios eletrônicos, pois eles ligam as pessoas e sua própria intimidade, funcionando ora como novos mecanismos de excitação, ora como mediadores das relações sexuais.

Concomitante às benesses propiciadas pela massificação do uso da internet e seu crescimento exponencial, há também uma outra face que permitiu o surgimento de novas práticas criminosas, os chamados delitos cibernéticos, crimes comuns que podem também ser praticados com o auxílio dos meios tecnológicos.

Machado (2016) menciona algumas características

da cibercultura, adjetivando-a como transgressora, apropriadora, performática e participativa. Transgressora e apropriadora por não respeitar os limites e fronteiras eticamente impostos pela modernidade, exemplificado pela criação de vírus, invasão de privacidade, surgimento de cybercrimes. Performática porque as identidades atribuídas aos usuários da rede são maleáveis, variáveis conforme o desejo de cada um. Por fim, participativa porque não realiza controle prévio sobre o conteúdo que será publicado na rede, permitindo a postagem irrestrita de materiais diversos. Uma vez postado, a possibilidade desse conteúdo retornar ao seu estado de desconhecimento é praticamente nula, ou seja, estará na rede para sempre.

A dificuldade de delimitação entre o espaço público e privado deve-se principalmente à ausência de barreira física propiciada pela rede. Por essa razão, a realidade *off-line*[20], tem se misturado cada vez mais com as relações virtuais, e vice-versa, acarretando a relativização de direitos como a privacidade. Contudo, remanesce a crença de que as interações virtuais são, de certa forma, "menos reais" e, por isso mesmo, permitem a mitigação de padrões éticos existentes no mundo *off-line*. Atrelado a isso, a falsa ideia de anonimato, a sensação de impunidade e a "pseudoinvisibilidade" dos danos às vítimas encorajam

---

20 Desligada (tradução livre)

práticas criminosas difundidas no ambiente virtual (CASTRO; SYDOW, 2019).

Noutro giro, é cediço que o fluir do Direito liga-se à necessidade de regulamentar condutas digressivas até então inexistentes, com vistas a tratar as novas formas de violação a bens jurídicos. Entrementes, o caráter internacional da internet obsta o tratamento efetivo dos delitos em cada país, razão pela qual Castro e Sydow sugerem a criação de "um núcleo lógico comum ao direito informático (penal ou não) que é imutável enquanto as premissas da rede permanecerem as mesmas" (CASTRO; SYDOW, 2019, p. 100) para punir os delitos informáticos de maneira satisfatória, afastando a sensação de proteção deficiente.

No Brasil, relativamente à tipificação de delitos cibernéticos, a título de exemplo, cita-se a Lei 12.737/2012, apelidada "Lei Carolina Dieckman", que busca tipificar a invasão de dispositivo informático alheio mediante violação ilícita de mecanismos de segurança, e o Marco Civil da Internet (Lei 12.965/2014), lei editada com o intuito de regulamentar o uso da internet no Brasil, determinando, ao mesmo tempo, diretrizes para a atuação do Estado e princípios, direitos e deveres tanto para os usuários quanto para os prestadores de serviços na rede (BUZZI, 2015).

Com efeito, a exposição, voluntária ou não, dos

usuários da rede na Era Digital evidencia que o que se entende por direito à privacidade e intimidade é mutável, variando conforme a alteração do contexto histórico e social em que se insere. De todo modo, mister se faz revisitar alguns conceitos.

Inicialmente, o direito à privacidade esteve atrelado ao direito à propriedade. Com a consagração da Declaração dos Direitos do Homem e do Cidadão (1789) surgiu a necessidade de o Estado criar mecanismos de proteção a direitos que são inatos e essenciais aos seres humanos, orientados pelo princípio da dignidade da pessoa humana.

> A dignidade da pessoa humana é princípio regente do Estado Democrático de Direito (art. 1.º, III, da CF), constituindo-se de dois fundamentais aspectos, objetivo e subjetivo. Sob o ponto de vista objetivo, abrange a segurança do mínimo existencial ao indivíduo, que precisa ver atendidas as suas necessidades básicas para a sobrevivência, tais como moradia, alimentação, educação, saúde, lazer, vestuário, higiene, previdência social. No enfoque subjetivo, abarca o sentimento de respeitabilidade e autoestima do ser humano, destacando-se como indivíduo, desde o nascimento até o final de sua trajetória, durante a qual forma sua personalidade e relaciona-se em comunidade, merecendo particular consideração do Estado (NUCCI, 2019, p. 32).

A Constituição da República Federativa do Brasil de 1988 (CRFB/1988) expressamente prevê, em seu artigo 5º, inciso X, o direito à privacidade: "são invioláveis a intimidade, a vida privada, a honra e a imagem das pessoas, assegurado o direito a indenização pelo dano material ou moral decorrente de sua violação" (BRASIL, 1988). No mesmo sentido, os artigos 11 a 21 do Código Civil (CC) destinam-se aos direitos da personalidade, que deverão reger todas as relações jurídicas.

José Afonso da Silva (2016), amparado pelos estudos de Matos Pereira, conceitua privacidade como "o conjunto de informação acerca do indivíduo que ele pode decidir manter sob seu exclusivo controle, ou comunicar, decidindo a quem, quando, onde e em que condições, sem a isso poder ser legalmente sujeito" (SILVA, 2016, p. 208).

O autor salienta a importância de diferenciar alguns termos que comumente são tratados como sinônimos: a privacidade é ampla, abrangendo todos os relacionamentos sociais do indivíduo; a intimidade, para ele, não se confunde com a vida privada – mormente porque a própria CRFB/1988 cuidou de separá-las - sendo caracterizada pela esfera secreta da vida de cada indivíduo, isto é, "a esfera íntima da pessoa, porque é repositório de segredos e particularidades do foro moral e íntimo do indivíduo" (SILVA, 2016, p. 210), ou seja, inclui as relações íntimas e pessoais da pessoa com aqueles que fazem parte da sua vida pessoal. Já a vida privada inclui a vida interior do indivíduo, seus familiares e seus amigos, em um aspecto menos restrito que a intimidade.

Nesse sentido, destaca-se o pensamento de Nucci, bem como o de Castro e Sydow sobre os conceitos de intimidade, privacidade e vida privada no âmbito da sexualidade:

> Em ilustração particularizada para o cenário da dignidade sexual, a vida privada é constituída dos relacionamentos sexuais mantidos pelo indivíduo e como eles se desenvolvem; a intimidade abrange a maneira de ver, sentir e projetar a sua vida sexual, incluindo atos patentemente individuais, como, v.g., a masturbação. (NUCCI, 2019, p. 35).

> Portanto, a intimidade no sentido de sentimentos identitários, de características que definem quem se é e o modo de ser da pessoa – no caso da sexualidade, a orientação, as preferências, os fetiches; e privacidade no sentido de pertença e ingerência – no caso da sexualidade, quem pode ou não ter acesso à informação ou ao conhecimento dos fatos, das experiências, das imagens. (CASTRO; SYDOW, 2019, p. 49).

A proteção à honra, por sua vez, perpassa o direito de preservação da própria dignidade e reputação, "o respeito dos concidadãos" (SILVA, 2016, p. 211), o apreço social, a boa fama, caracterizando a honra objetiva, enquanto a honra subjetiva possui relação com o sentimento da própria dignidade e honorabilidade pessoal. Já a imagem pode ser dividida em "imagem retrato" (o aspecto físico, a forma como se dá a percepção da pessoa visivelmente), "imagem-atributo" (aquilo que a pessoa transmite para a sociedade) e "imagem-autoral", todas protegidas pela inviolabilidade (CASTRO; SYDOW, 2019).

A dignidade humana, por óbvio, contém elementos informáticos, porquanto a personalidade e a dignidade contemporâneas são compostas tanto pelos acontecimentos da vida real quanto por tudo que é construído virtualmente, podendo-se falar, inclusive, na existência de uma dignidade humana real e uma virtual (CASTRO; SYDOW, 2019). Conquanto exista proteção à privacidade – na acepção ampla do termo – a legislação pátria carece de mecanismos efetivos que assegurem a privacidade virtual.

Nesse contexto, sob o prisma do princípio da dignidade sexual, que é corolário da dignidade da pessoa humana, a exposição pornográfica não consentida viola os direitos da personalidade dos indivíduos, principalmente a intimidade, a privacidade, a honra e a imagem, todos consagrados como direitos fundamentais (CASTRO; SYDOW, 2019).

Com efeito, a exposição pornográfica não consentida encontrou no meio cibernético um cenário propício para sua proliferação, seja porque ele facilita o anonimato, seja pela considerável velocidade de difusão, ou porque eterniza a exposição da vítima em razão da existência de espaços de armazenamentos não regulamentados e da ausência de mecanismos que rastreiem o alcance do conteúdo:

> [...] a exposição pornográfica não consentida representa – ao mesmo tempo – nova forma de interação social, especialmente alavancada pelo advento da Internet, instrumento de replicação de estereótipos, reforço de estigmas atados a grupos minoritários nas relações de poder, veículo difusor de antagonismo entre o bem e o mal e método de punição social. (CASTRO; SYDOW, 2019, p. 76).

Como se vê, a internet, muito embora tenha ressignificado as relações sociais, reproduz os estereótipos e tendências do mundo real em relação ao gênero, transformando-os em estigmas permanentes (CASTRO;

SYDOW, 2019).

3 A influência dos estereótipos de gênero no ordenamento jurídico brasileiro

O Direito é modificável à medida que surgem novas condições estruturais, de modo a atender às necessidades fundamentais da coexistência harmônica, adaptando-se aos valores humanos concretos e atuais (MUJALI, 2013). O Direito Penal, marcado pelo princípio da subsidiariedade, intervirá quando os outros ramos do direito se mostrarem insuficientes para coibir comportamentos nocivos ao convívio social pacífico e seguro (NUCCI, 2019). Diversamente do que por muito tempo se entendeu, não cabe ao direito penal a tutela de valores unicamente morais, costumeiros e/ou religiosos, de modo que a legislação penal, pouco a pouco, buscou a fundamentação punitiva na própria racionalização dos sistemas jurídicos.

Neste tópico estudam-se alterações pontuais na legislação penal relativas às questões de gênero, sem a intenção, contudo, de esgotar o tema, porquanto as modificações são vastas. Nesse viés, da breve análise da evolução da legislação brasileira infere-se que por muito tempo o sistema punitivo atuou como sustentáculo dos estereótipos de gênero, exteriorizando nas leis e nas decisões judiciais o preconceito, patriarcalismo, machismo e desigualdades há muito vigentes.

Castro e Sydow (2019, p. 72) definem estereótipos como "imagens ou ideias preconcebidas, pressupostas, generalizadas, simplificadas ou reducionistas sobre indivíduos, grupos sociais, coisas ou situações", enquanto estigmas eles dizem que "são características socialmente desaprovadas, identificadas como degradantes, capazes de acarretar opróbrio, isolamento ou discriminação". Para eles, existem estereótipos de papéis associados ao sexo, segundo os quais há comportamentos adequados para homens (de dominação, por exemplo) e papéis adequados para mulheres (de fragilidade, castidade e dependência).

Inicialmente, o Brasil não possuía uma legislação penal organizada e codificada. Após o descobrimento, instalou-se a legislação portuguesa, vigendo, sequencialmente, as Ordenações Afonsinas, Manuelinas e Filipinas, fortemente influenciadas pelo direito canônico.

Com efeito, o que as ordenações tipificavam não era necessariamente os crimes sexuais, mas os "pecados da carne", sendo notável que a criminalização imposta pelos colonizadores remete a um Direito Penal masculino, branco, cristão, moralista e discriminador, porquanto em regra apenas algumas mulheres – "(...) brancas, cristãs, livres, solteiras honestas, virgens ou viúvas honestas" (SILVA, 2012, p. 33) – eram dignas de proteção.

Em 1830, editou-se o Código Criminal do Império, sobre o qual merecem destaque alguns comentários de Luana de Carvalho Silva:

> Foi sob o signo da "segurança" da honra que a violência sexual (ou parte dela) foi abrigada pelo conjunto legal, destacando já o "perigo" das relações sexuais não mais pecaminosas, mas desautorizadas pelo contrato entre sujeitos livres e iguais. Sob a premissa que "todos são iguais perante a lei", o Código inaugura em nosso território o pacto contratual do sexo, pelo qual a realização do crime sexual passa a ser entendida mediante a questão do consentimento ou não da relação sexual. O pecado deixa a "carne santificada" e o crime se torna a ruptura do consentimento. O crime sexual ganha, então, uma fórmula jurídica pela qual o corpo se dissocia entre a materialidade da "carne" e um princípio jurídico de "vontade", e a lei do desejo se irrompe entre "sujeito e objeto" renegando a dor do corpo em face do livre-arbítrio jurídico (SILVA, 2012, p. 41/42)

> [...] o corpo feminino não era reconhecido como um sujeito pleno de direito (sua incapacidade jurídica era reconhecida por lei), assim seu

> consentimento só poderia ser levado em consideração quando de acordo com os primados determinados por seu "proprietário": seu pai, responsável ou marido. É o consentimento do homem que o Código protege e a violação de seu direito é que é punida. Um exemplo dessa afirmação é a escolha da mulher a ser "protegida" pelo Código: a mulher honesta (SILVA, 2012, p.44)

Há de se destacar que, muito embora o Código Criminal de 1830 tenha buscado fundamentar as punições na "quebra de contrato" e não mais em preceitos puramente religiosos, remanescia a proteção à honra das vítimas de crimes sexuais e o tratamento discriminatório, mormente porque a condição de "mulher honesta" devia ser provada no tribunal como condição para a configuração desses delitos. Tem-se um hiato entre a nova legislação marcada pela tentativa de elaborar um direito penal mais humanizado e sistematizado que as leis portuguesas – já colocando em pauta, inclusive, o direito à igualdade – e a subsistência de uma sociedade desigual, seletiva e excludente. "O corpo feminino deixa a esfera do pecado da carne para ser acolhido pelo Código Penal como uma propriedade da família, do marido e do Estado" (SILVA, 2012, p. 45).

O Código Penal de 1890, elaborado na era republicana, traçou novas estratégias de controle social, unindo a matriz liberal das ideias republicanas às novas técnicas legislativas influenciadas pelo positivismo. Relativamente aos crimes sexuais, buscou criminalizar o atentado à honra patriarcal ou qualquer forma de violação da moral familiar, conforme assevera Silva:

> Os delitos foram compostos por três conjuntos de atos que se desviavam do universo da "moral": os atos individuais que atentavam contra a honra estabelecida (ex. o comportamento lascivo, a homossexualidade, o sexo antes e fora do casamento); os atos que colocariam em risco o bom nome familiar, cujo destaque recai sobre o universo feminino. As mulheres, que já viviam isoladas no ambiente do lar, são apresentadas como corpos mais "frágeis" e culpáveis, uma vez que qualquer desvio de sua "honra" relacionada ao "sexual" (e para além da "conjunção carnal" propriamente dita, valem as carícias, os beijos impróprios, as condutas inapropriadas e até se apaixonar pelo rapaz "errado") representava uma ofensa ao "nome" e à tradição familiar. Estupros, ofensas ao pudor, raptos, sedução de mulheres "honestas", têm uma desigual valoração típica quando relacionados a "mulheres de família", inclusive com uma maior penalização do ato. E a última das definições morais, os atos públicos de agressão aos bons costumes. Aí, entra em ação a criminalização da exploração da prostituição, do lenocínio, do rufianismo, enfim, daquelas práticas em que o "sexo" é visto e praticado como um comércio, além dos atentados públicos ao pudor como um espaço destinado a abrigar qualquer outro tipo de atentado contra a

"moralidade" (SILVA, 2012, p. 64).

O corpo da mulher, agora relativamente autônomo, passou a ser adestrado para se adequar aos comportamentos morais vigentes. O casamento permanece como uma das possibilidades de resgate moral da vítima, servindo de condição para não imposição da pena. Ao Estado compete a proteção do bom nome da família e da honra, coibindo os crimes sexuais que representam uma transgressão contra a ordem social e moral instalada, e à mulher – branca, burguesa, honesta – cabe o cuidado e honradez de seu corpo, o mais novo sujeito jurídico. Contudo, a legitimidade para intentar a ação penal em tais crimes era da ofendida, ou seja, tratava-se de ação penal privada, salvo exceções, afastando a titularidade do Ministério Público (SILVA, 2012).

Sob uma perspectiva de gênero, paralelamente às reformas dos crimes sexuais, insta mencionar que o Código Penal de 1890 foi pioneiro na abordagem da incapacidade dos sujeitos que atuassem movidos pela paixão. Nesse contexto, a paixão era causa de exclusão da responsabilidade, de modo a justificar os crimes passionais (MUJALI, 2013).

Em 1932, o Decreto nº. 22.213 instituiu a Consolidação das Leis Penais, que compilou diversas leis esparsas. Com vistas a atender aos novos anseios da sociedade, elaborou-se, em 1940, o Código Penal (Decreto-lei nº. 2.848), que entrou em vigor em 1942 e está em vigência até os dias atuais, tendo sofrido diversas alterações, inclusive uma tentativa de modificação integral em 1969 pela atuação dos militares (NUCCI, 2019).

Originalmente, os crimes sexuais foram previstos no Título VI, denominado "Dos crimes contra os costumes", criminalizando as práticas sexuais fora dos padrões morais e políticos da época. Com efeito, a redação do título evidencia que a intenção do legislador era proteger os costumes e a moral "em uma sociedade tradicional, com papéis de gênero bastante definidos, formas de comportamento que deveriam ser asseguradas pelo uso da coerção" (MUJALI, 2013, p. 116) e não a dignidade da pessoa humana.

O estupro, com previsão no artigo 213 do Código Penal, inicialmente exigia a conjunção carnal e restringia os sujeitos do crime, de modo que somente o homem poderia praticá-lo, e apenas a mulher poderia ser vítima (por mulher, aqui, entende-se pessoa do sexo feminino depois da puberdade) (MUJALI, 2013). O estupro praticado pelo marido contra a esposa não passava de exercício regular de um direito (NUCCI, 2019). O atentado violento ao pudor (artigo 214) punia todas as formas "não naturais" do sexo, coadunando com as condições de poder existentes.

O crime de posse sexual mediante fraude foi descrito no artigo 215 do Código Penal e punia quem tivesse conjunção carnal com "mulher honesta" utilizando-se da fraude. Aqui, novamente, percebe-se a tutela do direito penal à moral e aos bons costumes, porquanto por honesta entendia-se, em primeiro lugar, a mulher casada que vive com o marido e sua prole, e toda mulher que não teve sua honestidade questionada em juízo (MUJALI, 2013).

O artigo 217 cuidava da sedução, com vistas a punir aquele que seduz "mulher virgem". A redação do artigo estipulava a faixa etária das vítimas, que deveriam ter entre quatorze e dezoito anos e ser inexperientes ou, justificadamente, possuir confiança no agente, que se vale de promessas e encantos para obter a conjunção carnal. Por óbvio, o que influencia o julgamento desse delito é o comportamento da vítima, sendo considerada experiente aquela que "tenha feito curso secundário ou frequentado escola ou colégio de ambos os sexos, aquela que já tenha viajado, ou namorado mais de um moço sério, aquela que saia constantemente a passeio ou com más companhias" (MUJALI, 2013, p. 109). De se ver que a virgindade das mulheres é reiterada como um bem a ser protegido para a manutenção da ordem de poder patriarcal (SILVA, 2012).

Por fim, destaca-se outro delito de necessária

análise sob a óptica do gênero: o rapto de mulher honesta, diferenciando-se o rapto violento ou mediante fraude (art. 219 do Código Penal) do rapto consensual (art. 220 do mesmo diploma). Neste, o consentimento da vítima era elemento do crime, retirando da mulher a autonomia sobre sua própria sexualidade, porquanto não poderia optar por "ser raptada". De toda sorte, o artigo 221 previa "uma redução de pena quando o agente do rapto tivesse a intenção de se casar com a vítima, pois o casamento seria uma forma de recuperar a honra da vítima e reparar o dano" (MUJALI, 2013, p. 110).

Em todos os casos, o casamento da vítima com o agente ou com um terceiro era causa de extinção da punibilidade prevista no artigo 107, VII do Código Penal, mostrando, mais uma vez, que não se buscava tutelar a dignidade sexual, ao contrário, intentava-se proteger a moralidade das mulheres perante a sociedade (MUJALI, 2013).

As redações moralistas e discriminatórias dos crimes sexuais começaram a perder espaço com a promulgação da CRFB/88. Isso porque a CRFB/88 definiu o Brasil como um Estado Democrático de Direito e, consequentemente, instituiu todos os princípios fundamentais do Estado, entre eles o da dignidade da pessoa humana (artigo 1º, inciso III), pedra angular de todo o ordenamento jurídico, devendo ser observado tanto pelo legislador, quanto pelo intérprete e aplicador do Direito, com previsão inclusive na Declaração Universal dos Direitos do Homem e na Convenção Americana sobre Direitos Humanos, Pacto de San José da Costa Rica (SILVA, 2016).

A primeira principal alteração da redação dos crimes sexuais se deu em 1990, com a edição das Leis n°. 8.069/90 (Estatuto da Criança e do Adolescente) e n°. 8.072/90 (Lei dos Crimes Hediondos):

> Em 1990, houve três importantes alterações no Código Penal, uma delas promovida pelo Estatuto da Criança e do Adolescente, Lei n° 8.069, de julho de 1990, que acrescentou um parágrafo único ao art. 213 do Código Penal, agravando a pena de um terço, quando o estupro fosse contra menor de quatorze anos de idade. No mesmo ano, a lei de crimes hediondos, Lei n° 8.072 agravou a pena do crime de estupro, e criou uma causa de aumento de pena, quando o crime fosse praticado contra as pessoas nas condições do art. 224 do Código Penal, revogando a alteração anterior, pois estas condições incluem menor de quatorze anos (MUJALI, 2013, p. 112).

De se ver que essas alterações permitiram que agora também as menores de 14 anos fossem vítimas do delito de estupro, porquanto até então não eram consideradas "mulheres" por não terem atingido a puberdade.

Outra importante alteração se deu com a Lei nº. 11.106/05, que retirou a expressão "honesta" da descrição do tipo penal do artigo 215 (posse sexual mediante fraude), mantendo, contudo, a palavra "mulher" na redação do caput e "mulher virgem" na forma qualificada do crime. Por outro lado, substituiu o termo "mulher" por "alguém" no delito de atentado ao pudor mediante fraude (artigo 216), de modo que qualquer pessoa, independentemente do seu comportamento sexual, poderia ser vítima do delito em questão. Por fim, a referida lei revogou o crime de sedução e todos os crimes relativos ao rapto, representando considerável evolução no tratamento dado à mulher pela legislação penal (MUJALI, 2013)

A Lei nº. 11.340/06, mundialmente conhecida como Lei Maria da Penha, foi a primeira legislação específica de proteção à mulher. A lei previu as formas de violência doméstica e familiar contra a mulher – entre elas a violência sexual – e utilizou, pela primeira vez, a expressão gênero. Muito embora não tenha alterado a redação dos crimes sexuais, essa lei representou significativo avanço legislativo sobre o tema.

A Lei nº. 12.015/09, por sua vez, trouxe expressivas mudanças para a legislação penal, especialmente no que toca aos crimes sexuais, dentre as quais se destaca a alteração da nomenclatura do Título VI, que passou a ser "Dos crimes contra a dignidade sexual" em substituição ao arcaico "Dos crimes contra os costumes". Referida alteração evidencia que o foco na proteção jurídica passou a ser primeiramente a liberdade e dignidade sexuais, e não a moral tradicional, os bons costumes e o comportamento sexual imposto pela sociedade. "A 'dignidade sexual' anunciada como Título VI do Código Penal representa reconhecimento do sexo como parte integrante da vida e da dignidade humanas" (SILVA, 2012, p. 154).

Ademais, a lei unificou estupro e atentado violento ao pudor em um único tipo penal, substituindo, ainda, a expressão "mulher" por "alguém", de modo que o estupro passou a ser crime comum, e criou o delito de estupro de vulnerável (NUCCI, 2019). Além disso, cumpre mencionar as alterações trazidas ao crime do artigo 215 do Código Penal, que passou a se chamar "violação sexual mediante fraude", sendo-lhe suprimida a expressão "mulher" e a forma qualificada que possuía como requisito a virgindade da vítima. Por fim, referida lei modificou o procedimento penal descrito no artigo 225 do Código Penal, passando a ação penal para pública incondicionada quando a vítima for menor de 18 anos ou vulnerável e pública condicionada nos demais casos do

Título VI (SILVA, 2012).

Merecem destaque, por fim, alguns pontos das Leis nº. 13.718/18 e 13.772/18, que tratam, além de outras questões, de maneira específica do tema deste estudo. A primeira lei tornou de ação penal pública incondicionada todos os crimes contra a dignidade sexual, ou seja, o artigo 225 do Código Penal agora atribui a legitimidade ao Ministério Público para intentar a ação penal independentemente de representação da vítima. Além disso, introduziu ao crime de estupro os conceitos de estupro coletivo e corretivo, bem como criou os delitos de importunação sexual (art. 215-A) e de divulgação de cena de estupro ou de cena de estupro de vulnerável, de cena de sexo ou de pornografia (art. 218-C), com causa de aumento de pena nas hipóteses de violência doméstica ou quando a divulgação se der com o intuito de vingança ou humilhação da vítima (NUCCI, 2019).

A segunda lei (nº. 13.772/18), por sua vez, além de introduzir o crime de registro não autorizado da intimidade sexual (artigo 216-B) ao Código Penal, acrescentou ao artigo 7º, inciso II, da Lei nº. 11.340/06 a violação da intimidade como forma de violência doméstica do tipo psicológica, de modo a preencher lacunas antes existentes na legislação penal pátria (CASTRO; SYDOW, 2019).

De todo modo, não se pode olvidar que o respaldo

dado historicamente pela lei à violência sexual, fundamentado, ainda, pela desigualdade de gênero, influenciou sobremaneira a naturalização da violência doméstica e familiar contra a mulher. A legislação penal, ao proteger a moral e os bons costumes em detrimento da dignidade humana e ao ditar o comportamento sexual adequado para as mulheres – inclusive por muito tempo permitindo a legítima defesa da honra nos casos de crimes passionais – as colocava em situação de incapacidade para se autodeterminar e decidir sobre sua própria vida, especialmente em matéria sexual.

Particularmente no que toca à exposição pornográfica não consentida, insta transcrever trechos do voto do desembargador Francisco Batista de Abreu no julgamento da Apelação Cível nº 1.0701.09.250262-7/001, do Tribunal de Justiça do Rio Grande do Sul (TJRS), em que atribuiu culpa concorrente da vítima para diminuir a indenização, utilizando-se de termos com considerável valor simbólico:

> A vítima dessa divulgação foi a autora, embora tenha concorrido de forma bem acentuada e preponderante. Ligou sua webcam, direcionou-a para suas partes íntimas. Fez poses. Dialogou com o réu por algum tempo. Tinha consciência do que fazia e do risco que corria. "N DPS MHA MAE ENTRA AKI..." é um dos trechos do diálogo

entre eles. Dúvidas existem quanto a moral a ser protegida. Moral é postura absoluta. É regra de postura de conduta -Não se admite sua relativização. Quem tem moral a tem por inteiro. As fotos em momento algum foram sensuais. As fotos em posições ginecológicas que exibem a mais absoluta intimidade da mulher não são sensuais. Fotos sensuais são exibíveis, não agridem e não assustam. Fotos sensuais são aquelas que provocam a imaginação de como são as formas femininas. Em avaliação menos amarga, mais branda podem ser eróticas. São poses que não se tiram fotos. São poses voláteis para consideradas imediata evaporação. São poses para um quarto fechado, no escuro, ainda que para um namorado, mas verdadeiro. Não para um ex-namorado por um curto período de um ano. Não para ex-namorado de um namoro de ano. Não foram fotos tiradas em momento intimo de um casal ainda que namorados. E não vale afirmar quebra de confiança. O namoro foi curto e a distância. Passageiro. Nada sério. A autora ao se exibir daquela forma sabia de possibilidade da divulgação porque estava ela em Uberaba e ele em Uberlândia. Não estavam juntos. As fotos viajaram de forma vulnerável na internet em cabos óticos. E foi a autora quem ligou sua webcam que é postada em lugar estratégico no monitor do seu computador para o melhor ângulo fotográfico. Quem ousa posar daquela forma e naquelas circunstâncias tem um conceito moral diferenciado, liberal. Dela não cuida. Irrelevantes para avaliação moral as ofertas modernas, virtuais, de exibição do corpo nu. A exposição do nu em frente a uma webcam é o mesmo que estar em público. Mas, de qualquer forma, e apesar de tudo isso, essas fotos talvez não fossem para divulgação. A imagem da autora na sua forma grosseira demonstra não ter ela amor-próprio e autoestima. Sexo é fisiológico, é do ser humano e do animal. É prazeroso. Mas ainda assim temos lugar para exercitá-lo.

A postura da autora, entretanto, fragiliza o conceito genérico de moral, o que pôde ter sido, nesse sentido, avaliado pelo réu. Concorreu ela de forma positiva e preponderante. O pudor é relevante e esteve longe. E sabia disso, pois repriso: "N DPS MHA MAE ENTRA AKI..." De qualquer forma, entretanto, por força de culpa recíproca, ou porque a autora tenha facilitado conscientemente sua divulgação e assumido esse risco a indenização é de ser bem reduzida. Avaliado tudo que está nos autos, as linhas e entrelinhas; avaliando a dúvida sobre a autoria; avaliando a participação da autora no evento, avaliando o conceito que a autora tem sobre o seu procedimento, creio proporcional o valor de R$5.000,00. Daí a razão pela qual estou dando parcial provimento à apelação para reduzir o valor da indenização fixando-a em R$5.000,00. Custas recursais ao meio. (BRASIL. Tribunal de Justiça do Estado do Rio Grande do Sul. Apelação Cível nº 1.0701.09.250262-7/001 - Des. Francisco Batista de Abreu).

Ante o exposto, nota-se que apesar do atual desenvolvimento do feminismo e de estudos sobre gênero, as mudanças no âmbito jurídico são lentas, porquanto se tem, de um lado, as alterações tardias na legislação e, de outro, a atuação dos juristas como reprodutores da ordem de desigualdade instalada, quando deveriam ser elementos propulsores de superação desses estereótipos e transformadores sociais.

Dessa forma, evidencia-se que a criação de novos tipos penais, por si, pode não ser suficiente para coibir a prática e reiteração dos delitos, pois se trata de uma conduta complexa, que exige, por oportuno, soluções mais abrangentes que o direito penal isolado. Sugere-se a criação de mecanismos que possibilitem a efetiva aplicação das normas, a exemplo dos que já estão previstos na própria Lei Maria da Penha (Lei nº. 11.340/2006), como o atendimento por equipe multidisciplinar, além de campanhas de educação acerca da igualdade de gênero, sexualidade e utilização responsável dos recursos tecnológicos, para que a exposição pornográfica não consentida seja efetivamente punida no Brasil.

Considerações finais

A exposição pornográfica não consentida reflete uma das formas de manutenção da dominação masculina e de valores patriarcais na sociedade, evidenciando os papéis de gênero culturalmente impostos e as relações de poder entre homens e mulheres.

Evidenciou-se a questão da exposição pornográfica não consentida: é uma resposta social negativa à subversão sexual da mulher ao tomar decisões autônomas sobre sua própria vida, sua própria sexualidade, seu próprio corpo, e encontrou na internet uma nova forma de expressão, violando direitos como a dignidade, intimidade e privacidade.

Em razão disso, e considerando-se o inequívoco conteúdo de questões de gênero imerso nessa problemática, acredita-se que a tipificação penal, por si só, será insuficiente para acabar, ou pelo menos amenizar de maneira significativa as práticas de exposição pornográfica não consentida contra as mulheres no Brasil. Isso porque se trata de um problema social e cultural que deve ser analisado sem se perder de vista a sua complexidade, afastando-se a ideia de que a violência de gênero é uma questão unicamente de polícia, de modo a apostar também nos aspectos preventivos.

É premente a necessidade de se buscar e tratar as raízes do problema, por meio da família, da escola e do Estado. Desse modo, evitar-se-á que as Leis nº 13.718/18 e nº 13.772/18 se transformem em instrumentos legislativos simbólicos.

Defende-se nesse sentido o rompimento com a primária divisão sexual dos papéis, bem como a valorização do diálogo, principalmente sobre questões de gênero, sexualidade, diversidade, violência, respeito e uso consciente dos meios tecnológicos, de modo que o mundo virtual, pensado como um local de liberdade e de praticidade, não se torne veículo de propagação da violência e prática de crimes.

Destaca-se que a intervenção penal é essencial, mas não suficiente, sendo necessária, além da criação de leis, a implantação de mecanismos que possibilitem a sua efetiva aplicação, de aparatos que propiciem o atendimento multidisciplinar dos envolvidos, e também de medidas profiláticas de educação acerca da igualdade de gênero, sexualidade e uso dos meios tecnológicos.

Sugerem-se as seguintes ações imediatas às vítimas de exposição pornográfica não consentida: recomenda-se que coletem e reúnam todas as informações divulgadas na rede, por exemplo, por meio de captura de tela; elaboração de ocorrência policial ou instrumento similar, de preferência em delegacia especializada; registro de ata notarial no cartório para preservação dos dados. Finalmente, após se certificarem de que o material está devidamente preservado, procedam à notificação do provedor para que remova o conteúdo, com fulcro no artigo 21 do Marco Civil da Internet. Reitere-se a necessidade de que busquem orientação jurídica e apoio emocional com equipe multidisciplinar.

Referências

BEAUVOIR, Simone de. **O segundo sexo. 1949.** Tradução: Sérgio Milliet, Rio de Janeiro, 2. ed., Editora Nova Fronteira, 2009.

BOURDIEU, Pierre de. **A dominação masculina.** 1998. Tradução: Maria Helena Kühner. Rio de Janeiro, 11. ed., Editora Bertrand Brasil, 2012.

BRASIL. **Constituição da República Federativa do Brasil.** Brasília, DF: Presidência da República, 1988.

BRASIL. **Decreto-Lei n. 2.828, de 07 de dezembro de 1940.** Código Penal. Disponível em: http://www.planalto.gov.br/ccivil_03/decreto-lei/del2848compilado.htm. Acesso em: 15 dez. 2019.

BRASIL. **Lei n. 11.340, de 7 de agosto de 2006.** Disponível em: http://www.planalto.gov.br/ccivil_03/_Ato2004-2006/2006/Lei/L11340.htm. Acesso em: 07 jul. 2020.

BRASIL. **Lei n. 13.718, de 24 de setembro de 2018.** Disponível em: http://www.planalto.gov.br/ccivil_03/_ato2015-2018/2018/lei/L13718.htm. Acesso em: 06 nov. 2019.

BRASIL. **Lei n. 13.772, de 19 de dezembro de 2018.** Disponível em: http://www.planalto.gov.br/ccivil_03/_Ato2015-2018/2018/Lei/L13772.htm. Acesso em 06 nov. 2019.

BRASIL. **Tribunal de Justiça do Estado do Rio Grande do Sul. Apelação Cível nº 1.0701.09.250262-7/001 - Des. Francisco Batista de Abreu.** Brasília, DF, 9 de maio de 2006.

Disponível em: https://ptdocz.com/doc/168322/ac%C3%B3rd %C3%A3o-tj-mg_culpa-concorrente-vitima_revenge-porn. Acesso em: 07 ago. 2020.

BUZZI, Vitória de Macedo. **Pornografia de vingança: contexto histórico-social e abordagem no direito brasileiro.** 2015. Disponível em: https://repositorio.ufsc.br/bitstream/handle/123456789/133841/ TCC%20Vit%C3%B3ria%20Buzzi%20Versao %20Repositorio.pdf?sequence=1>. Acesso em: 18 jan. 2020.

CASTRO, Ana Lara Camargo de; SYDOW, Spencer Toth. **Exposição pornográfica não consentida na internet: da pornografia de vingança ao lucro.** Belo Horizonte, v. 1, 2. ed., Editora D'Plácido, 2019.

CASTRO, Ana Lara Camargo de; SYDOW, Spencer Toth. **Perversão, pornografia e sexualidade: reflexos no direito criminal informático.** Belo Horizonte, v. 3, Editora D'Plácido, 2018.

CASTRO, Bárbara Areias de. **A pornografia de Vingança como Nova Forma de Violência de Gênero: Análise da Eficácia Punitiva à Luz do Direito Penal Brasileiro.** Disponível em http://www.unirio.br/unirio/ccjp/arquivos/tcc/2018-1-tcc- barbara-areias-de-castro. Acesso em: 08 set. 2019.

CUNHA, Rogério Sanches; PINTO, Ronaldo Batista. **Violência doméstica, Lei Maria da Penha – 11.340/2006 comentada artigo por artigo.** 8 ed. Salvador: Editora JusPodivm, 2019.

DAMITZ, Caroline Vasconcelos; FARIA, Josiane Petry. ***Porn***

Revenge: **Uma Questão de Gênero.** Disponível em:
http://submissoes.al.rs.gov.br/index.php/estudos_legislativos/a
rticle/view/230. Acesso em: 31 ago. 2019.

MACHADO, Nealla Valentim. **Imagens íntimas e as
representações de gênero na mídia brasileira.** 2016.
Disponível em: http://periodicoscientificos.ufmt.br/ojs/ index.
php/aceno/article/view/7586/pdf.Acesso em: 02 fev. 2020

MUJALI, Lara Macedo Ribeiro de Oliveira. **O gênero e os
crimes sexuais: analisando crimes sob a perspectiva de
gênero.** 2013. Disponível em:
https://repositorio.ufu.br/handle/123456789/12899 Acesso em:
15 mar. 2020.

NUCCI, Guilherme de Souza. **Crimes contra a dignidade
sexual.** Rio de Janeiro, 8. ed, Editora Malheiros, 2019.

PEZZI, Ana Paula Jacobus. **A necessidade de proteção dos
dados pessoais nos arquivos de consumo: em busca da
concretização do direito à privacidade.** 2007. Disponível
em:
http://www.dominiopublico.gov.br/download/teste/arqs/cp0428
24.pdf. Acesso em: 05 maio 2020.

SILVA, José Afonso da. **Curso de direito constitucional
positivo**. São Paulo, 39 ed, Editora Malheiros, 2016.

SILVA, Luana de Carvalho. **Carne e culpa: Notas sobre a
gestão penal do sexo.** 2012. Disponível em:
https://acervodigital.ufpr.br/bitstream/handle/1884/28062/R
%20-%20T%20%20LUANA%25%E2%80%A820DE
%20CARVALHO%20SILVA.pdf?sequence=1&isAllowed=y.
Acesso em: 15 ago. 2020.

SOUSA, Letícia de Melo. ***Slut shaming e porn revenge:*
vivências de mulheres jovens e as repercussões para a
saúde mental.** (Programa de Pós-Graduação em Psicologia
Social – Mestrado). 2017. Disponível em:
https://repositorio.ufpb.br/jspui/handle/123456789/12168.
Acesso em: 06 ago. 2020.

4

TRIBUNAL DO JÚRI: CONSTITUCIONAL E (IM)PRESCINDÍVEL

Leonardo de Oliveira Lopes[21]
Margarida Alves Machado Guedes [22]

Introdução

A instituição do júri possui natureza constitucional, conforme previsto no artigo 5º, inciso XXXVIII, da Constituição da República Federativa do Brasil de 1988 (CRFB/1988), com competência para julgamento dos crimes dolosos contra a vida, assegurando-lhe, além da plenitude de defesa e do sigilo das votações, a soberania dos veredictos. Os jurados devem examinar a causa com imparcialidade e proferir decisão de acordo com a consciência e os ditames da justiça (BRASIL,

---

21 Especialista em Direito pelo Centro Universitário Metodista Izabela Hendrix/MG. Professor do Curso de Direito da Universidade Estadual de Montes Claros (Unimontes). Advogado.
22 Graduação em Direito pela Universidade Estadual de Montes Claros (Unimontes).

1941).

Pautando-se em sua íntima convicção, os jurados estão dispensados de motivar suas decisões. Frequentemente, casos semelhantes submetidos a julgamento pelo Tribunal do Júri têm resultados completamente diferentes, ainda que as circunstâncias sejam muito parecidas. Dessa forma, a não motivação das decisões dos jurados tem gerado resultados contraditórios. De modo que, não raro, tais decisões são tomadas contra as provas ou a despeito delas, gerando, assim, insegurança jurídica e causando prejuízos, muitas vezes, irreparáveis.

Diante da relevância do tema, realizou-se o presente estudo através de pesquisa bibliográfica, utilizando-se do método dedutivo de abordagem e método bibliográfico de procedimento, de modo a fazer uma análise da instituição do Júri, a fim de melhor entendê-lo. Dessa forma, primeiro foi feito um breve histórico do Tribunal do Júri, bem como um levantamento da presença da instituição nas Constituições brasileiras.

Em sequência, passou-se à análise dos princípios constitucionais que o norteiam, a competência delimitada pela CRFB/1988 e o procedimento do Júri. A seguir foram abordadas a questão da (in)justiça no Tribunal do Júri e a não motivação das decisões. E, por fim, analisou-se a imprescindibilidade ou não da instituição do Júri no Brasil.

1 Origem do Tribunal no Júri

O Tribunal do Júri como se apresenta hoje teve origem na Inglaterra, com a Carta Magna de 1.215, com o preceito: "Ninguém poderá ser detido, preso ou despojado de seus bens, costumes e liberdades, senão em virtude de julgamento de seus pares, segundo as leis do país" (NUCCI, 2015, p. 41).

Esta instituição já se fazia presente desde tempos remotos: na Grécia (Tribunal dos Heliastas), em Esparta (Éforos), em Roma (*Quoestiones*) e na Palestina (Tribunal dos Vinte e Três). Após a configuração atual originada na Inglaterra (1.215), o Tribunal do Júri expandiu-se somente após a Revolução Francesa (1.789), alastrando-se pela Europa e daí para o restante do mundo, como um ideal de liberdade e democracia a ser alcançado (NUCCI, 2015).

Após sua expansão promissora, a instituição caiu em declínio, chegando a desaparecer de alguns países ou mesmo sofrer mutação, passando a ter nova configuração como no caso dos escabinados (NUCCI, 2015). Não obstante, a instituição persiste até os dias atuais, haja vista seu ideário democrático que possibilita o julgamento do réu pelos seus pares.

2 Tribunal do Júri nas Constituições Brasileiras

No Brasil, o Tribunal do Júri foi criado mediante decreto do Príncipe Regente (1.822) e foi previsto na Constituição do Império (1824), no capítulo referente ao Poder Judiciário (art. 151, do Capítulo Único, do Título 6.º). Sua competência era julgar causas cíveis e criminais, conforme determinação das leis, as quais, constantemente, incluíam e excluíam delitos e causas do júri (NUCCI, 2015).

Com a Proclamação da República (1889) manteve-se a instituição do Júri e na Constituição Republicana de 1891 foi inserido entre os direitos e garantias individuais (art. 72, § 31, da Seção II, do Título IV), sob influência da Constituição Americana e mediante intransigente defesa do Tribunal Popular sustentada por Rui Barbosa (NUCCI, 2015).

Em 1934, com a nova Constituição Federal, o Júri voltou a fazer parte do capítulo referente ao Poder Judiciário (art. 72). Entretanto, em 1937, a instituição foi totalmente retirada do texto constitucional. A partir daí, começaram os debates a respeito da manutenção ou não do Júri no Brasil, até que o impasse chegou ao fim, com o Decreto-lei 167, de 1938, que confirmou a manutenção do Júri, embora sem soberania (art. 96) (NUCCI, 2015).

Em 1946, a Constituição Federal fez ressurgir o Tribunal do Júri em seu texto, retornando-o para o capítulo dos direitos e garantias individuais, aparentemente como uma autêntica luta contra o autoritarismo. Entretanto, os motivos desse retorno teriam sido em virtude do poder de pressão do coronelismo, que tinha como objetivo garantir a existência de um órgão judiciário que pudesse absolver seus capangas (LEAL, 2012).

Em 1967, a Constituição Federal manteve a instituição do Júri no capítulo dos direitos e garantias individuais (art. 150, § 18), da mesma forma a Emenda Constitucional de 1969 (art. 153, § 18). Entretanto, nesta última, mencionou-se, apenas, a instituição do júri e sua competência para julgamento dos crimes dolosos contra a vida. Não se falou em soberania, sigilo das votações ou plenitude de defesa (NUCCI, 2015).

Em 1988, com o retorno da democracia ao Brasil, mais uma vez o Júri faz-se presente, agora na CRFB/1988, no capítulo dos direitos e garantias individuais, retornando os princípios da Constituição Federal de 1946 (NUCCI, 2015), quais sejam: soberania dos veredictos, sigilo das votações e plenitude de defesa. Com competência mínima para os crimes dolosos contra a vida.

3 Princípios constitucionais e procedimento do Tribunal do Júri

Conforme o art. 5º, inc. XXXVIII, alíneas *"a"* a *"d"*, da CRFB/1988, a instituição do júri é regida pelos seguintes princípios da plenitude de defesa, sigilo das votações, soberania dos veredictos e competência para o julgamento dos crimes dolosos contra a vida.

3.1 Plenitude de defesa

De acordo com o inciso LV, do art. 5º da CRFB/88, "aos litigantes, em processo judicial ou administrativo, e aos acusados em geral são assegurados o contraditório e ampla defesa, com os meios e recursos a ela inerentes" (BRASIL, 1988). Entretanto, no Tribunal do Júri impera a plenitude de defesa, isto é, vai além da ampla defesa.

> Amplo é algo vasto, largo, copioso, enquanto pleno equivale a completo, perfeito, absoluto. [...] O que se busca aos acusados em geral é a mais aberta possibilidade de defesa, valendo-se dos instrumentos e recursos previstos em lei e evitando-se qualquer forma de cerceamento. Aos réus, no Tribunal do Júri, quer-se a defesa perfeita, dentro, obviamente, das limitações naturais dos seres humanos (NUCCI, 2015, p.

27).

No Tribunal do Júri são garantidas ao acusado tanto a autodefesa quanto a defesa técnica. Esta deve ser a mais perfeita possível, sob risco de causar graves e irreparáveis prejuízos ao cliente, principalmente porque envolve sua liberdade, não devendo limitar-se somente ao campo jurídico, em razão da plenitude de defesa:

> O primeiro deles, que trata da plenitude de defesa, significa dizer que, nos processos de Júri, mais que a ampla defesa, exigida em todo e qualquer processo criminal (art. 5º, inc. LV, da CF), vigora a plenitude de defesa. De tal forma que, no Júri, não apenas a defesa técnica, relativa aos aspectos jurídicos do fato, pode ser produzida. Mais que isso, dada às peculiaridades do processo e ao fato de que são leigos os juízes, permite-se a utilização de argumentação não jurídica, com referências a questões sociológicas, religiosas, morais, etc. Ou seja, argumentos que, normalmente, não seriam considerados fosse o julgamento proferido por um juiz togado, no Júri ganham especial relevância, podendo ser explorados à exaustão (CUNHA e PINTO, 2018, p. 22).

Portanto, o princípio constitucional da plenitude de defesa é essencial no Tribunal do Júri. O que exige maior dedicação da defesa, que deverá atuar com cautela e preparação diferenciadas, não bastando apenas ser satisfatória. Deverá considerar não só a argumentação jurídica, pois o julgamento será feito por pessoas leigas, que não pensam como o juiz togado.

Na configuração atual do Tribunal do Júri, a argumentação diversificada reveste-se de maior relevância, porque embora o juiz togado seja obrigado a fundamentar suas decisões, o mesmo não é exigido dos jurados, que tomam suas decisões baseado em sua íntima convicção; e esta será formada, em grande parte, pelo que lhes for apresentado em plenário. Todavia, vale ressaltar que a defesa deverá atuar de forma ética e respeitosa, sempre pautada nos ditames da lei.

3.2 Sigilo das votações

Os jurados, como pessoas leigas advindas dos mais diversos setores da sociedade, em sua maioria, não estão familiarizados com o ambiente forense. Desse modo, estão mais sujeitos às pressões do ambiente de julgamento, no qual estão amigos e familiares da vítima e do réu, inclusive este. Caso a votação ocorresse em plenário, poderia gerar um desconforto nos jurados, podendo interferir em seu julgamento, haja vista o medo de represálias.

Diante disso, o princípio constitucional que impõe o

sigilo das votações no Tribunal do Júri visa garantir a tranquilidade dos jurados. Nesse sentido, Cunha e Pinto (2018) ressaltam a importância do sigilo das votações para proteção, tranquilidade e formação da livre convicção dos jurados:

> Cuida ainda a Constituição do sigilo das votações, ou seja, embora público o debate produzido em plenário, o momento da colheita dos veredictos é sigiloso, mantida, portanto, a sala secreta do Júri para tal fim. Justifica-se esse cuidado em virtude da própria natureza do Júri e da proteção que se deve conferir ao jurado leigo (sem as garantias, portanto, do juiz togado), que não encontraria tranquilidade para julgar fosse pública a votação, sujeita à interferência de populares, parentes da vítima, amigos do réu, etc. [...] Preserva-se, assim, a livre formação da convicção do jurado, imune a qualquer influência externa, preocupação verificada, também, no dispositivo que impõe a incomunicabilidade entre os componentes do conselho de sentença, a fim de que um não interfira na decisão do outro (CUNHA e PINTO, 2018, p. 23-24).

Dessarte, o art. 485 do CPP reza que "não havendo dúvida a ser esclarecida, o juiz presidente, os jurados, o Ministério Público, o assistente, o querelante, o defensor do acusado, o escrivão e o oficial de justiça dirigir-se-ão à sala especial a fim de ser procedida a votação" (BRASIL, 1941). E em caso de não haver sala especial, o juiz presidente determinará que o público se retire do local, permanecendo apenas as pessoas acima mencionadas, a fim de que se proceda à votação.

Embora a votação seja realizada sob sigilo, isto é, sem a presença do público, o julgamento não é secreto, uma vez que é "acompanhado pelo órgão acusatório, pelo assistente de acusação, pelo defensor e pelos funcionários do Judiciário, além de ser conduzido pelo juiz de direito" (NUCCI, 2015, p. 31). Entretanto, é importante ressaltar que é resguardado o sigilo do voto, nos termos do art. 487, CPP. Após os jurados receberem sete cédulas contendo a palavra "sim" e outras sete contendo a palavra "não", "o oficial de justiça recolherá em urnas separadas as cédulas correspondentes aos votos e as não utilizadas" (BRASIL, 1941). Desta forma, não se saberá qual foi o voto de cada jurado.

Assim, na instituição do Júri, o sigilo do voto é especialmente considerado, pois conforme previsto no § 1º do art. 483, do CPP, a resposta negativa, de mais de três jurados, a qualquer dos quesitos referidos nos incisos I e II do *caput* (materialidade; e autoria ou participação), encerra a votação e implica a absolvição do acusado. Da mesma maneira, respondidos afirmativamente, por mais de três jurados, os quesitos acima citados, passar-se-á ao quesito em que o jurado deverá responder se "absolve o acusado", conforme descrito no § 2º do artigo em comento.

Tal inovação foi trazida pela Lei nº 11.689/2008, que levou a efeito a reforma do Júri, a qual, segundo Nucci (2015), traz como destaque positivo a não divulgação do quórum de votação.

> Se as decisões do Conselho de Sentença são tomadas por maioria de votos (art. 489, CPP) e busca-se assegurar, durante todo o procedimento do julgamento, a incomunicabilidade dos jurados e o sigilo das votações, não se deveria saber como cada um votou ao final. É natural supor que, havendo maioria de votos, não se saiba ao certo o voto dado, porém, em situação de unanimidade, é lógico que o voto era desvendado. O ideal agora foi atingido, interrompendo-se a contagem no exato instante em que o juiz constate ter atingido a maioria. [...] Não há mais divulgação do *quorum* de votação. Atingida a maioria (quatro votos), pelo "sim" ou pelo "não", o juiz presidente encerra a apuração. Resguarda-se, com isso, o sigilo das votações (NUCCI, 2015, p. 355-357).

Portanto, como se encerra a votação após mais de três jurados responderem negativa ou afirmativamente ao quesito de materialidade e autoria ou participação, não será possível chegar à unanimidade.

3.3 Soberania dos veredictos

A soberania dos veredictos é princípio constitucional expresso, constante do art. 5º, inc. XXXVIII, alínea *c*, da CRFB/1988. O que significa que a decisão do Tribunal do Júri é soberana. Entretanto, a questão não é tão simples. Conforme Nucci (2015), muitos Tribunais togados não têm acatado a decisão dos jurados, sob a alegação de se procurar aplicar a jurisprudência da Corte onde atuam. Todavia, o citado autor ressalta que o conselho de sentença tem o dever de decidir conforme a justiça e sua consciência, não segundo a jurisprudência, a qual não tem a obrigação de conhecer.

Por conseguinte, Nucci (2015) sustenta que, em vez de invadir o mérito do veredicto e substituí-lo, bastaria que se remetesse o caso a novo julgamento pelo Tribunal do Júri. Alega, ainda, que tal intromissão no mérito não deveria ser feita nem mesmo para absolver o réu.

> Dizem alguns que, se é para absolver o réu, tudo é possível. Somos fiéis defensores da plenitude de defesa, ou seja, a supremacia da defesa, durante o julgamento. Entretanto, findo este, havida a condenação em nome da soberania popular, não deve haver tribunal togado que possa e deva alterar o veredito. [...] inexiste, em nosso sentir, uma única justificativa plausível para que a vontade soberana do povo não deva prevalecer. [...] Aos que defendem estar a

> liberdade do réu acima de qualquer princípio regente da instituição do Júri, devemos responder que não se trata de uma disputa, mas de um mecanismo constitucional, escolhido pelo Poder Constituinte Originário, para atingir o veredito justo. A Constituição Federal outorgou ao Tribunal Popular a última decisão nos casos de crimes dolosos contra a vida. Ademais, quem pode garantir que, quando o Tribunal togado der provimento a uma revisão criminal, absolvendo o réu, está realizando a autêntica justiça? Quem pode asseverar que a melhor avaliação da prova foi feita pelos magistrados de toga e não pelos jurados? (NUCCI, 2015, p. 33).

Lopes Júnior (2016, p. 744) sustenta posição justamente contrária, pois afirma que a "supremacia do poder dos jurados chega ao extremo de permitir que eles decidam completamente fora da prova dos autos". O que, por óbvio, poderá condenar um inocente ou absolver um culpado. O autor aduz que, nesse caso, é possível interpor recurso de apelação (art. 593, III, *d*, CPP), que caso seja provido pelo Tribunal, este determinará a realização de novo Júri.

Entretanto, ressalta que a possibilidade de realização de novo Júri, no caso de decisão manifestamente contrária à prova dos autos, seja ela absolutória ou condenatória, não resolve o problema, uma vez que, caso o resultado seja o mesmo do primeiro Júri, não caberá qualquer recurso, como se vê a seguir:

> Esse "novo" júri será composto por outros jurados, mas como o espetáculo será realizado pelos mesmos "atores", em cima do mesmo "roteiro" e no mesmo cenário, a chance de o resultado final ser igual é imensa. E, nesse "novo" júri, a decisão é igual à anteriormente prolatada e, portanto, novamente divorciada da prova dos autos. Duas decisões iguais, em manifesta dissociação com o contexto probatório. Poderá haver então novo recurso, aduzindo que novamente os jurados decidiram contra a prova dos autos? Não, pois a última parte do § 3º do art. 593 veda expressamente essa possibilidade. Logo, se no segundo júri eles decidirem novamente contra a prova dos autos, não caberá recurso algum. Os jurados podem então decidir completamente fora da prova dos autos sem que nada possa ser feito. Possuem o poder de tornar o quadrado, redondo, com plena tolerância dos Tribunais e do senso comum teórico, que se limitam a argumentar, fragilmente, com a tal "supremacia do júri", como se essa fosse uma "verdade absoluta", inquestionável e insuperável (LOPES JÚNIOR, 2016, p. 744).

Argumenta, ainda, que ao final da primeira fase, quando o juiz deve absolver sumariamente, desclassificar, pronunciar ou impronunciar o réu, há um problema com o princípio a ser seguido na valoração da prova. Autores e Tribunais têm entendido que, em nome da soberania do Júri, na valoração da prova, o juiz deve decidir *in dubio pro societate*, isto é, em caso de dúvida deve-se favorecer a sociedade e não o réu. O que para Lopes Júnior (2016) não se justifica, uma vez que tal princípio não foi recepcionado pela CRFB/1988 e está em desacordo com a presunção constitucional de inocência e com o princípio *in dubio pro reo*, segundo o qual, em caso de dúvida, deve-se favorecer o réu, e que é um dos principais pilares do Direito Penal e do Direito Processual Penal.

Cunha e Pinto (2018) entendem que, em nome do princípio da soberania dos veredictos, um Tribunal togado não pode modificar no mérito a decisão do Tribunal do Júri. Entretanto, afirmam que tal princípio é mitigado, uma vez que há a possibilidade de apelação quando a decisão do Júri é manifestamente contrária às provas dos autos. Sustentam que, nesse caso, o Tribunal togado não está substituindo a decisão dos jurados, mas apenas determinando que se realize novo júri. Afirmam, ainda, que tal princípio também é relativizado quando a decisão é nitidamente prejudicial ao réu, conforme se vê abaixo:

> É relativo, porém, o conceito de soberania dos veredictos, que não deve ser entendido como um poder absoluto acima de qualquer outro. Assim, por exemplo, pode a decisão do Júri, quando prejudicial ao réu, ser modificada através de revisão criminal, conforme entendimento pacífico da jurisprudência (RT 479/321, 548/331). E, de fato, seria inconcebível imaginar que uma decisão, absolutamente injusta, não pudesse ser alterada em nome do princípio em estudo. Imagine-se o exemplo em que, apesar do réu ter sido condenado definitivamente por homicídio,

> surge a vítima viva (como no célebre caso dos irmãos Naves, em Araguari-MG). Afrontaria o senso comum de justiça que, em atendimento à soberania do Tribunal do Júri, fosse mantida tão absurda condenação (CUNHA e PINTO, 2018, p. 25).

De fato, embora o princípio da soberania dos veredictos seja importante, pois tratado pela própria CRFB/1988, não se pode colocá-lo acima da justiça. Isso porque esta seria afrontada, se para mantê-lo a qualquer custo, tivesse que sacrificar outros princípios constitucionais implícitos e explícitos, e, por vezes, a própria liberdade. Dessa forma, a mitigação do princípio em tela só se faz em nome da justiça, buscando-se novo julgamento, por meio de apelação, quando o primeiro é feito contra as provas dos autos; ou a modificação da decisão, através de revisão criminal, quando notadamente prejudicial ao réu.

3.4 Competência para o julgamento dos crimes dolosos contra a vida

Conforme o art. 5º, XXXVIII, *d*, da CRFB/88, o Tribunal do Júri possui competência para julgamento dos crimes dolosos contra a vida, consumados ou tentados.

O mais conhecido é o homicídio, que é o ato de

matar alguém. Pode ser classificado como simples, com punição de seis a vinte anos. Pode também ser classificado como privilegiado, quando cometido por motivo de relevante valor social ou moral ou sob o domínio de violenta emoção, logo em seguida à injusta provocação da vítima. A punição será reduzida de um sexto a um terço devido à relevância dos motivos. Já o homicídio qualificado é aquele em que o assassinato foi cometido mediante pagamento ou promessa de recompensa; por motivo torpe; por motivo fútil; com emprego de veneno, fogo, explosivo, asfixia, tortura ou outro meio cruel. Outras qualificadoras são: crimes cometidos mediante dissimulação, emboscada ou recurso que dificulte ou impossibilite a defesa ou ainda para assegurar a execução, a ocultação, a impunidade ou vantagem de outro delito. As penas vão de doze a trinta anos de reclusão. Em 2015, com a edição da Lei n. 13.104, uma nova qualificadora foi incluída nesta lista: o feminicídio, ou seja, o homicídio de uma mulher por razões da condição de sexo feminino. Pela norma, isso ocorre quando o crime envolve violência doméstica ou menosprezo à condição de mulher. A pena é aumentada em um terço se for praticado durante a gestação da vítima ou nos três meses posteriores ao parto; contra pessoa com menos de 14 anos, maior de 60 ou com deficiência; ou na presença de descendente ou ascendente da vítima (CONSELHO NACIONAL DE JUSTIÇA, 2018, p. 1).

Os crimes dolosos contra a vida não se resumem às diferentes modalidades de homicídio, embora à semelhança deste produzam o resultado morte e esteja presente o dolo de matar, como no caso do aborto e do infanticídio. Nesse sentido:

> Outro crime elencado entre os dolosos contra a vida é o infanticídio. Trata-se do crime no qual a mulher mata o próprio filho sob a influência do estado puerperal (durante ou logo após o parto). A pena para tal crime é de um a quatro anos. O aborto é outro crime classificado como doloso contra a vida. Se o crime for praticado pela gestante ou com o seu consentimento, a pena é de detenção por um a três anos. No caso de ser provocado por terceiro, sem o consentimento da mulher, a pena do terceiro pode variar de três a dez anos; a mãe que consentiu pode ser condenada de um a quatro anos. Não são julgados pelo Tribunal do Júri os homicídios culposos, que ocorrem quando a morte se dá sem que a pessoa tenha intenção de matar. O crime pode ocorrer por negligência, imperícia ou imprudência e a pena de detenção é de um a três anos (CONSELHO NACIONAL DE JUSTIÇA, 2018, p. 2).

Segundo Nucci (2015), embora existam opiniões contrárias, cuida-se de competência mínima, uma vez que a CRFB/1988 assegura a competência para os crimes dolosos contra a vida, mas não somente para estes. Trata-se de cláusula pétrea e a intenção do constituinte ao instituir a competência mínima foi evitar o esvaziamento da instituição, uma vez que, caso o estabelecimento de tal competência fosse deixada à lei ordinária, provavelmente desapareceria na prática.

Para Lopes Júnior (2016), a competência do Tribunal do Júri está muito bem delimitada no art. 74, § 1º, do CPP, não admitindo analogias ou interpretação extensiva, uma vez que é taxativa. Conforme esse artigo, "a competência pela natureza da infração será regulada pelas leis de organização judiciária, salvo a competência privativa do Tribunal do Júri". Desse modo, especifica em seu parágrafo 1º, que "compete ao Tribunal do Júri o julgamento dos crimes previstos nos_arts. 121, §§ 1º e 2º, 122, parágrafo único, 123, 124, 125, 126 e 127 do Código Penal, consumados ou tentados" (BRASIL, 1941).

Assim, homicídio simples, privilegiado, qualificado; induzimento, instigação ou auxílio ao suicídio ou à automutilação (neste caso, somente se praticado contra menor de quatorze anos ou que não tenha o necessário discernimento, com resultado morte); infanticídio; aborto provocado pela gestante ou com seu consentimento e aborto provocado por terceiro, todos serão julgados pelo Tribunal do Júri, inclusive os crimes conexos:

> Quando a Constituição se refere a crimes dolosos contra a vida, inclui, por óbvio, os delitos consumados e os tentados (art. 74, § 1º). São eles o homicídio (simples, privilegiado ou qualificado), o induzimento, instigação e auxílio ao suicídio, o infanticídio e o aborto, em suas diversas formas. De outro lado, em virtude de

> disposição expressa do Código de Processo Penal (art. 78, inc. I), havendo conexão entre um delito contra a vida e outro crime de natureza diversa (por exemplo, homicídio doloso e resistência, homicídio doloso e ocultação de cadáver), ambos serão atraídos pelo Júri, para fins de unidade do processo e do julgamento (art. 79), o que confirma a possibilidade do legislador ordinário ampliar a competência do tribunal popular. Saliente-se, porém, que se o dolo do agente não foi de atentar contra a vida, como ocorre, v.g., no latrocínio (v. Súmula 603 do STF), estupro seguido de morte, lesão corporal com o mesmo resultado, etc., a competência para o julgamento será do Juiz singular (CUNHA e PINTO, 2018, p. 26).

Corroborando o entendimento acima mencionado, nota-se a natureza atrativa do Tribunal do Júri, que traz para sua competência o julgamento dos delitos conexos com o crime doloso contra a vida. Por outro lado, também há delitos que, embora ceife a vida, não há o dolo de matar, como no caso do homicídio culposo, da lesão corporal seguida de morte e do latrocínio. Este é considerado um crime contra o patrimônio, uma vez que quem o pratica objetiva subtrair bens e não o homicídio, que ocorre em razão do emprego da violência (CONSELHO NACIONAL DE JUSTIÇA, 2018). Portanto, no caso desses delitos a competência não será do Tribunal do Júri, uma vez que produzem o resultado morte, sem, no entanto, ser considerado crime contra a vida.

> Logo, não serão julgados no Tribunal do Júri os crimes de latrocínio, extorsão mediante sequestro, e estupro com resultado morte, e demais crimes em que se produz resultado morte, mas que não inserem nos "crimes contra a vida". Essa competência originária não impede que o Tribunal do Júri julgue esse delito ou qualquer outro (tráfico de drogas, porte ilegal de arma, roubo, latrocínio etc.) desde que seja conexo com um crime doloso contra a vida (LOPES JÚNIOR, 2016, p. 686).

Importante alteração ocorreu em relação ao art. 122, do Código Penal, que tipificava o crime de induzimento, instigação ou auxílio ao suicídio, de competência de julgamento pelo Tribunal do Júri. Com a nova redação e inclusões feitas pela Lei nº 13.968/2019, o crime passou a ser de induzimento, instigação ao suicídio ou à automutilação, o que relativizou tal competência em relação a esta última.

Assim, no caso de automutilação a competência de julgamento só será do Tribunal do Júri se produzir o resultado morte e for praticado contra menor de 14 (quatorze) anos ou contra quem não tem o necessário discernimento para a prática do ato, ou que, por qualquer outra causa, não puder oferecer resistência. Isso porque a vítima, por não ser capaz de resistir, torna-se mero instrumento manipulado pelo autor. Nesse caso, responde o agente pelo crime de homicídio, nos termos do art. 121 do Código Penal, conforme previsão do art. 122, §7º, CP.

Se da automutilação resultar lesão corporal de natureza gravíssima e for cometido contra menor de 14 (quatorze) anos ou contra quem, por enfermidade ou deficiência mental, não tiver o necessário discernimento para a prática do ato, ou que, por qualquer outra causa, não puder oferecer resistência, responde o agente pelo crime descrito no §2º do art. 129 do Código Penal (art. 122, § 6º, CP). Se resultar incapacidade permanente para o trabalho; enfermidade incurável; perda ou inutilização do membro, sentido ou função; deformidade permanente; aborto, a pena será de reclusão, de dois a oito anos. Neste caso, então, o crime não será julgado pelo Tribunal do Júri.

3.5 Procedimento

O procedimento do Júri é bifásico: fase de formação da culpa (*judicium accusationis*) e fase do juízo de mérito (*judicium causae*). A primeira fase inicia-se com o recebimento da denúncia indo até a decisão de pronúncia, impronúncia, absolvição sumária ou desclassificação. Estando, pois, a cargo do juiz singular e, haverá casos em que não se irá além desta. Já a segunda fase tem início com o trânsito em julgado da decisão de pronúncia e vai até a decisão em plenário. Dessa maneira, o recebimento da denúncia e o juízo de pronúncia ficam a cargo do juiz singular, mas o julgamento será feito pelos jurados que compõem o plenário; e logo após, o juiz togado proferirá a sentença.

4 (In)Justiça no Tribunal do Júri

Diariamente, diversos casos são submetidos a julgamento pelo Tribunal do Júri no Brasil. Assim sendo, muitos réus são condenados e outros tantos absolvidos. Mas fica uma dúvida inquietante: a justiça está sendo feita? Ou melhor, esses julgamentos estão sendo justos? Os culpados estão sendo condenados e os inocentes absolvidos?

Nitidamente, é uma questão subjetiva, bem como as respostas a essas perguntas, por isso não há uma estatística precisa a respeito. Entretanto, não raro, no Tribunal do Júri, ocorrem julgamentos cujos resultados são contraditórios, isto é, condena-se sem provas ou absolve-se a despeito delas.

Lopes Júnior (2016, p. 744) afirma que a "supremacia do poder dos jurados chega ao extremo de permitir que eles decidam completamente fora da prova dos autos", o que, consequentemente, levará a julgamentos injustos. E neste caso, como já abordado anteriormente, será cabível o recurso de apelação que, se provido, mandará realizar novo júri. Entretanto, nem mesmo essa medida garantirá que a justiça seja feita, pois, caso seja tomada outra decisão contrária às provas dos autos, não caberá outro recurso:

> Duas decisões iguais, em manifesta dissociação com o contexto probatório. Poderá haver então novo recurso, aduzindo que novamente os jurados decidiram contra a prova dos autos? Não, pois a última parte do § 3º do art. 593 veda expressamente essa possibilidade. Logo, se no segundo júri eles decidirem novamente contra a prova dos autos, não caberá recurso algum. Os jurados podem então decidir completamente fora da prova dos autos sem que nada possa ser feito (LOPES JÚNIOR, 2016, p. 744).

Diante disso, pode-se absolver o culpado ou condenar o inocente a despeito das provas, bem como condenar sem prova alguma.

4.1 Não motivação das decisões

A Declaração Universal dos Direitos Humanos preconiza em seu art. 10 o direito de toda pessoa, em plena igualdade, ter a sua causa julgada, equitativa e publicamente, "por um tribunal independente e imparcial que decida dos seus direitos e obrigações ou das razões de qualquer acusação em matéria penal que contra ela seja deduzida" (ONU, 1948).

Do mesmo modo, o art. 93, inc. IX da CRFB/1988 prevê que os julgamentos dos órgãos do Poder Judiciário devem ser públicos, bem como fundamentadas todas as decisões, caso contrário, estarão eivados de nulidade. Configurando, assim, o livre convencimento motivado do juiz. Contudo, a CRFB/1988 em seu art. 5º, inc. XXXVIII, também reconhece a instituição do júri, atribuindo-lhe competência para julgar os crimes dolosos contra a vida, assegurando, além da plenitude de defesa e do sigilo das votações, a soberania dos veredictos (BRASIL, 1988).

Além disso, o CPP, em seu art. 472, tratando sobre o Tribunal do Júri, reza que, após formado o Conselho de Sentença e mediante exortação do presidente, os jurados prometem examinar a causa com imparcialidade e a proferir decisão de acordo com a consciência e os ditames da justiça (BRASIL, 1941). Pautando-se, portanto, em sua íntima convicção.

Conforme a configuração atual do ordenamento jurídico brasileiro, como medida de justiça, os julgadores devem ser imparciais e suas decisões fundamentadas. Devendo, então, motivá-las, a fim de demonstrar o porquê da decisão, qual seu embasamento, uma vez que o indivíduo tem o direito a um julgamento justo. E caso não concorde com ele, tem o direito de recorrer à instância superior.

Entretanto, o mesmo não ocorre no Tribunal do Júri,

pois embora devam julgar com imparcialidade, os jurados tomam suas decisões conforme sua íntima convicção. Diante disso, frequentemente, casos semelhantes submetidos a julgamento pelo Tribunal do Júri têm resultados completamente diferentes, ainda que as circunstâncias sejam muito parecidas. De modo que a não fundamentação das decisões dos jurados gera resultados contraditórios.

> [...] a "íntima convicção", despida de qualquer fundamentação, permite a imensa monstruosidade jurídica de ser julgado a partir de qualquer elemento. Isso significa um retrocesso ao Direito Penal do autor, ao julgamento pela "cara", cor, opção sexual, religião, posição socioeconômica, aparência física, postura do réu durante o julgamento ou mesmo antes do julgamento, enfim, é imensurável o campo sobre o qual pode recair o juízo de (des) valor que o jurado faz em relação ao réu. E, tudo isso, sem qualquer fundamentação (LOPES JÚNIOR, 2016, p. 903).

É fato que juízes togados também dão decisões diferentes para casos semelhantes. Entretanto, são obrigados a fundamentá-las, de modo que, caso sejam injustas, serão objeto de recurso, podendo atacar o ponto discordante. Não se está aqui a defender que somente os juízes devem julgar, mas que, em sede de julgamento, todas as decisões sejam fundamentadas, a fim de se evitar que sejam contraditórias. E, caso sejam, possam ser atacadas no exato ponto de sua discordância, abrindo a possibilidade de reforma pela instância superior.

A decisão do jurado desprovida de qualquer motivação impede o controle da racionalidade da decisão judicial:

> O jurado decide sem qualquer motivação, impedindo o controle da racionalidade da decisão judicial. Não se trata de gastar folhas e folhas para demonstrar erudição jurídica (e jurisprudencial) ou discutir obviedades. O mais importante é explicar o porquê da decisão, o que o levou a tal conclusão sobre a autoria e materialidade. A motivação sobre a matéria fática demonstra o saber que legitima o poder, pois a pena somente pode ser imposta a quem – racionalmente – pode ser considerado autor do fato criminoso imputado. Essa qualidade na aquisição do saber é condição essencial para legitimidade do atuar jurisdicional. A decisão dos jurados é absolutamente ilegítima porque carecedora de motivação. Não há a menor justificação (fundamentação) para seus atos. Trata-se de puro arbítrio, no mais absoluto predomínio do poder sobre a razão. E poder sem razão é prepotência (LOPES JUNIOR, 2016, págs. 742-743).

Em consonância com o entendimento acima exposto, não se espera nem se está a exigir uma fundamentação juridicamente elaborada, mas apenas que se explique o motivo da decisão. Se os jurados são considerados competentes para decidirem sobre a liberdade do réu, também o são para motivarem suas decisões. E para isso, basta que contenha na cédula de votação, logo abaixo da palavra "sim" ou "não", espaço para justificativa do voto, no qual o jurado possa esclarecer o porquê de se decidir positiva ou negativamente ao quesito; sem se identificar, no entanto, a fim de manter o sigilo da votação. Tais cédulas devem ficar disponíveis nos autos, para consulta dos interessados, uma vez que fundamentam a decisão dos jurados.

Por outra perspectiva, considerando-se a previsão constitucional da íntima convicção dos jurados, estes estariam, em tese, dispensados de motivar suas decisões. Desse modo, pode-se questionar, então, que a decisão não fundamentada dos jurados não é inconstitucional, uma vez que a íntima convicção também é prevista constitucionalmente. A decisão não fundamentada a pretexto da íntima convicção é, nitidamente, conflitante com a obrigatoriedade de fundamentação das decisões dos órgãos do Poder Judiciário, como medida de justiça e sob pena de nulidade. Por conseguinte, as decisões do Tribunal do júri, não raro, são tomadas contra as provas ou a despeito delas, gerando insegurança jurídica e causando prejuízos, muitas vezes, irreparáveis.

Destarte, diante desse dilema, indaga-se qual seria a solução, se ambas as previsões são constitucionais? Neste caso, dever-se-ia seguir a regra aplicada no caso de conflito dos princípios constitucionais, qual seja a ponderação. Dessa forma, ao se sopesar os danos causados às partes pelas decisões baseadas na íntima convicção – condenação sem provas ou absolvição a despeito delas – e as possibilidades de defesa geradas pela obrigatoriedade de fundamentação das decisões, não é difícil concluir que esta última está mais alinhada não só com o princípio constitucional geral da ampla defesa, mas também com o princípio constitucional específico do Tribunal do Júri, qual seja a plenitude de defesa.

No caso do Tribunal do Júri, ainda que superado o entrave da fundamentação das decisões, esbarra-se no princípio da soberania dos veredictos. Suponha-se que os jurados decidam um caso fundamentadamente, embora a decisão seja manifestamente injusta. Então como desfazer a referida injustiça, considerando o entrave da soberania dos veredictos do Tribunal do Júri? Nesse caso, a solução visível é a mesma já apontada, no presente estudo, em caso de decisões manifestamente injustas, qual seja a mitigação do referido princípio, que não deve ser visto como um poder absoluto. Nesse sentido:

> É relativo, porém, o conceito de soberania dos veredictos, que não deve ser entendido como um poder absoluto acima de qualquer outro. Assim, por exemplo, pode a decisão do Júri, quando

> prejudicial ao réu, ser modificada através de revisão criminal, conforme entendimento pacífico da jurisprudência (RT 479/321, 548/331). E, de fato, seria inconcebível imaginar que uma decisão, absolutamente injusta, não pudesse ser alterada em nome do princípio em estudo (CUNHA e PINTO, 2018, p. 25).

Como se vê, são questões inquietantes sobre as quais há, ainda, muito que se avançar, mas é necessário discussão e amadurecimento do assunto, pois o que se busca é a efetivação da justiça. O que será mais facilmente alcançado se as decisões forem fundamentadas, pois desestimulará decisões irresponsáveis, evitando, assim, a prática da injustiça ou, ao menos, permitindo a revisão desta.

5 Tribunal do Júri: constitucional e (im)prescindível

É sabido que a instituição do Júri, no Brasil, possui natureza constitucional, entretanto, a despeito disso, a discussão sobre a sua necessidade ou não é incontestável. Para alguns, trata-se de uma instituição democrática e imprescindível, para outros, é uma instituição falha e ultrapassada, devendo, portanto, ser tolhida do ordenamento jurídico brasileiro. Diante disso, defensores e críticos valem-se dos mais diversos argumentos e isso já vem de longa data. Rui Barbosa já fazia a sua defesa:

> Somos partidários do júri porque ele é a emanação da vontade do povo; porque as suas decisões, proferidas por consciências livres de preconceitos, atendem ao pensamento médio da sociedade [...] Garantir o júri não pode ser garantir-lhe o nome. Há de se garantir-lhe a substância, a realidade, o poder (BARBOSA, 1950 *apud* LINS e SILVA, 2011, p. 291).

Romeiro Neto, igualmente, era fiel defensor da instituição, pois, para ele, "o júri tem, nos quesitos formulados, os meios para decidir humanamente a causa. Se quiser punir, poderá punir com humanidade. Se quiser absolver, poderá absolver e terá feito justiça essencialmente humana" (ROMEIRO NETO, 1960, p. 100). Tourinho Filho também é um defensor do Tribunal do Júri, pois, para ele, embora o Júri não seja técnico, sabe discernir o que é certo e o que é errado, além de julgar com empatia, uma vez que compreende a sociedade em que vive.

> Os jurados são leigos na 'subsunção da conduta ao tipo penal', são leigos na dosimetria de pena, mas sabem distinguir o que é certo e o que é errado, sabem dizer, num clima de empatia, se adotaria a mesma conduta do réu. **Se o constituinte quisesse um julgamento técnico, por óbvio não teria instituído e mantido o Júri.** Este compreende a sociedade em que vive. O Juiz togado, não. O togado compreende a lei, e dela não pode afastar-se. Embora sabendo que

> teria a mesma conduta do réu, ficaria acorrentado, preso às provas dos autos, ao texto da lei, podendo inclusive, se ousar agir de forma diversa, responder por prevaricação (TOURINHO FILHO, 2012, p. 773, grifos nossos)

Desse modo, seguindo esta linha, entende-se ter sido intencional a decisão do constituinte de manter a configuração atual do Júri, não em busca de rigor técnico, mas de empatia. O que pode ser um caminho perigoso, uma vez que os jurados são mais suscetíveis a apelos emocionais e podem acabar condenando um inocente, no afã de fazer justiça, deixando-se levar pelas aparências ao se solidarizar com a vítima e seus familiares. Como, também, pode absolver o culpado, se entender que teria a mesma conduta do réu, a despeito dos motivos e circunstâncias do crime.

Nesse sentido, Nucci assevera que "não é garantia de um julgamento justo ser avaliado o caso pelo Tribunal Popular. Cuidou-se de opção política, calcada em inúmeros fatores, distanciados, entretanto, da busca pela imparcialidade da magistratura". (NUCCI, 2014, p. 2).

Bonfim também é um dos defensores do Júri, para ele, a instituição é a expressão máxima da democracia e caso fosse extirpado, a democracia e o conceito de justiça sofreriam duro golpe.

> Admirado, polêmico, como expressão plena e máxima da democracia, a um só tempo o povo cria a lei, dando a jurisprudência do "direito penal da sociedade" para o caso concreto, julgando "soberanamente". Cada vez mais o defendo, restando-me convencido de que o problema não é de estrutura jurídico-legal, mas, sem dúvida, de homens. É modelo tipo exportação, incorporado de tal forma à nossa tradição jurídica que, ao extirpá-lo, duro golpe sofreria a democracia e o conceito de justiça (BONFIM, 2018, p. 22).

Já Nucci assevera que, apesar de o Tribunal do Júri ser uma garantia humana fundamental formal, não se trata de uma garantia individual essencial. De modo que não se trata de um Tribunal indispensável à democracia, uma vez que há muitos países em que não há o júri, mas subsiste o Estado Democrático de Direito.

> O Tribunal do Júri é, apenas, uma garantia humana fundamental formal. Em hipótese alguma, pode-se considerá-lo garantia individual essencial. Nos países em que não há júri – e são muitos – também é viável subsistir um Estado Democrático de Direito. Juízes togados imparciais promovem o julgamento de pessoas acusadas da prática de delitos. Aliás, fosse ele um Tribunal indispensável à democracia, deveria julgar muito mais que os crimes dolosos contra a vida. Possivelmente, haveria de deliberar sobre todos os delitos existentes no ordenamento pátrio. Tornou-se uma garantia fundamental por influência dos nossos legisladores, que apreciavam o disposto na Constituição

americana, considerando a instituição como garantia indispensável ao cidadão (NUCCI, 2015, p. 40).

Entretanto, o autor aduz que o fato de o Tribunal do Júri ser uma garantia fundamental formal, não significa que deva ser menosprezado ou ignorado. Pois, direitos e garantias, sejam formais ou materiais, devem ser cumpridos fielmente. Mesmo porque, trata-se da forma mais direta de participação popular na Justiça Brasileira. Ainda que não houvesse Tribunal do Júri no Brasil, continuaria a ter um Judiciário imparcial com julgamentos pautados no devido processo legal. Todavia, o Tribunal Popular está consagrado na CRFB/1988, devendo-se, portanto, acolher e seguir seus princípios, uma vez que espelham a vontade do Poder Constituinte originário (NUCCI, 2014).

Vale ressaltar, porém, que nem todos são defensores do Tribunal Popular. Marques, por exemplo, comparando o julgamento feito pelo juiz togado e o feito pelo Júri, diz que "entre o julgamento inspirado na lei e na razão, no direito e no conhecimento técnico, e aquele ditado pelo arbítrio e pela intuição cega, não há hesitação possível" (MARQUES, 2000, p. 248-249). E outros vão mais além, como Noronha, segundo o qual o Júri atual é desnecessário, uma vez que o Judiciário, atualmente, possui garantias que o protege de interferências despóticas de outro Poder; e, em regra, agora, é o Júri que se submete a interferências externas, como a política dominante, por exemplo (NORONHA, 1989).

E para Lopes Júnior, a instituição do Júri é perfeitamente prescindível, uma vez que é demasiadamente falha, considerando que a margem de erro dos juízes leigos, que ignoram o direito e a própria prova da situação fática é mais elevada que a de juízes togados, embora estes também errem.

> [...] não é necessário maior esforço para verificar que a margem de erro (injustiça) é infinitamente maior no julgamento realizado por pessoas que ignoram o direito em debate e a própria prova da situação fática em torno da qual gira o julgamento, e, como se não bastasse, são detentoras do poder de decidir de capa a capa e mesmo "fora da capa" do processo, sem qualquer fundamentação. Os juízes e tribunais também erram, e muito, mas para isso existe todo um sistema de garantias e instrumentos limitadores do poder, que reduzem os espaços impróprios da discricionariedade judicial (mas não eliminam, é claro). A fertilidade do terreno da injustiça é completamente diversa. É como querer comparar a margem de erro de um obstetra e sua equipe, numa avançada estrutura hospitalar de uma grande capital, com a de uma parteira, isolada em plena selva amazônica. É óbvio que o risco está sempre presente, mas com certeza a probabilidade de sua efetivação é bastante diversa. E se a parteira, em plena selva amazônica, é útil e necessária, diante das inafastáveis circunstâncias, o mesmo não se pode dizer do Tribunal do Júri, instituição

perfeitamente prescindível (LOPES JÚNIOR, 2016, p. 746).

Lopes Júnior não vê imprescindibilidade do Tribunal do Júri. Todavia, sendo impossível a sua extinção, pugna ser crucial que sejam feitas alterações estruturais.

> É verdade que o Tribunal do Júri é cláusula pétrea da Constituição, art. 5º, XXXVIII, mas isso não desautoriza a crítica, pois o mesmo dispositivo consagra o júri, mas com a "organização que lhe der a lei". Ou seja, remete a disciplina de sua estrutura à lei ordinária, permitindo uma ampla e substancial reforma (para além da realizada em 2008, destaque-se), desde que assegurados o sigilo das votações, a plenitude de defesa, a soberania dos veredictos e a competência para o julgamento dos crimes dolosos contra a vida. Abre-se, assim, um amplo espaço para reestruturá-lo (já que a extinção, pura e simples, como desejamos, dependeria de alteração na Constituição) (LOPES JÚNIOR, 2016, p. 740).

Trata-se, pois, de uma instituição protegida constitucionalmente, visto que foi elevada ao patamar de cláusula pétrea, constante do art. 5.º, XXXVIII, da CRFB/1988, como garantia humana fundamental. E, conforme o § 4º, inc. IV, do art. 60 da CRFB/1988, não será objeto de deliberação a proposta de emenda tendente a abolir os direitos e garantias individuais. Em que pese não poder ser extinto, é evidente que a configuração atual é falha e necessita de reformulação, a qual poderá ser feita por lei ordinária, respeitando-se, por óbvio, os princípios constitucionais da instituição.

Assim sendo, a referida reforma deverá ir além da realizada em 2008, uma vez que esta não sanou os problemas existentes. E, para isso, deverá abordar questões como a necessidade de fundamentação das decisões dos jurados, ainda que seja simples, apenas para justificar o motivo da decisão, a fim de ser atacada, caso injusta, uma vez que a soberania dos veredictos não deve servir de proteção para a injustiça.

Sugere-se a capacitação dos jurados sobre processo e o próprio Júri, como parte de seu serviço, para que entendam a dinâmica, importância e o alto grau de responsabilidade que lhes cabe. Os jurados devem ostentar conhecimento mínimo necessário para o exercício dos juízos axiológicos que envolvem a análise da norma penal e processual. Além disso, também será necessária previsão de obrigatoriedade de consulta ao processo ou, até mesmo, de explanação deste aos jurados, em momento oportuno, a fim de se acessar as provas produzidas.

Considerações finais

Embora a informação quanto à origem do Tribunal do Júri tenha se perdido no tempo, sabe-se da sua existência desde tempos remotos. De modo que foi resgatado pela Inglaterra em 1.215, vindo a expandir-se após a Revolução Francesa, disseminando-se pelo planeta. Todavia, após sua expansão caiu em declínio, chegando a desaparecer de alguns países ou ser transformado em escabinado. Apesar de seu declínio, a instituição persiste até os dias atuais, haja vista seu ideário democrático, sendo adotado inclusive pelo Brasil.

O Tribunal do Júri brasileiro possui previsão constitucional, sendo regido pelos princípios constitucionais de plenitude de defesa, sigilo das votações, soberania dos veredictos e competência para o julgamento dos crimes dolosos contra a vida. Trata-se, portanto, de uma instituição protegida constitucionalmente, visto que foi elevada ao patamar de cláusula pétrea, constante do art. 5.º, XXXVIII, da CRFB/1988, como garantia humana fundamental.

A despeito disso, a instituição não está isenta de críticas, haja vista suas deficiências. Sendo uma delas, a falta de fundamentação das decisões, que acaba por encobrir decisões injustas, que podem tornar-se irreversíveis. Isso porque a possibilidade de segundo Júri em decorrência de apelação, não é garantia de decisão diferente, o que poderá tornar a injustiça definitiva, uma vez que não será possível terceiro Júri, restando, apenas, a possibilidade de revisão criminal.

Assim, por pautarem-se em sua íntima convicção, os jurados não são obrigados a motivar suas decisões. Todavia isso se dá ao revés do que ocorre no ordenamento jurídico brasileiro, uma vez que a CRFB/1988, em seu art. 93, inc. IX, diz que todos os julgamentos dos órgãos do Poder Judiciário serão públicos, e fundamentadas todas as decisões, sob pena de nulidade. Diante disso, se por imperativo constitucional os julgadores devem fundamentar suas decisões, como medida de justiça, então, os jurados não deveriam ser exceção à regra. Isso porque também são julgadores, os quais decidem o destino do réu, podendo causar danos irreparáveis, pois não é possível atacar a fundamentação da decisão, uma vez que não se encontra expressa.

Lado outro, pode-se questionar que a decisão não fundamentada dos jurados não seria inconstitucional, haja vista a constitucionalidade da íntima convicção. Entretanto, há, no mínimo, um conflito de princípios, uma vez que a decisão não fundamentada a pretexto da íntima convicção é notadamente conflitante com a obrigatoriedade de fundamentação das decisões dos órgãos do Poder Judiciário.

Diante do impasse de qual princípio deveria se sobrepor, se o da íntima convicção ou o do livre convencimento motivado (fundamentação obrigatória das decisões), dever-se-ia seguir a técnica aplicada no caso de conflito dos princípios constitucionais, qual seja a ponderação. Sopesando-se ambos os princípios é possível notar que o livre convencimento motivado possui maior consonância não só com o princípio constitucional geral da ampla defesa, mas também com o princípio constitucional da plenitude de defesa, específico do Tribunal do Júri.

Não é difícil inferir que a possibilidade da prática de injustiça por meio de decisões baseadas na íntima convicção é, nitidamente, maior se comparadas com as devidamente fundamentadas, uma vez que nestas é possível combater a injustiça por via recursal, atacando-a no ponto específico de sua discordância; ou, ainda, por revisão criminal. Dessarte, diante da possibilidade de se perpetuar a injustiça em virtude de decisões tomadas com base na íntima convicção, tônica do Tribunal do Júri, fica a indagação se esta instituição, apesar de constitucional, é realmente necessária.

Foi vontade do legislador constituinte originário prever o Tribunal do Júri, instituindo-o, inclusive, como cláusula pétrea. Entretanto, atribuiu à lei ordinária a sua organização. Diante disso, não se faz necessário extirpar o Tribunal do Júri do ordenamento jurídico brasileiro, mas, sim, fazer uma reforma abrangente, a qual poderá ser feita por meio de lei ordinária, respeitando-se os princípios constitucionais da instituição.

Compreende-se, portanto, que o Tribunal do Júri é assunto para uma vasta discussão, entretanto, o presente estudo não pretendeu esgotá-lo, dada a sua limitação. Há muito que se avançar, sendo necessária ampla discussão sobre o assunto, a fim de impulsionar as mudanças pertinentes, com vista a proteger os direitos e garantias constitucionais das partes. De modo que a instituição do Júri possa ser, efetivamente, um instrumento de justiça e não um acervo de decisões contraditórias.

Referências

BONFIM, Edilson Mougenot. **No tribunal do júri** – 6. ed. – São Paulo: Saraiva Educação, 2018.

BRASIL. **Constituição da República Federativa do Brasil de 1988**. Disponível em: http://www.planalto.gov.br/ccivil_03/constituicao/constituicao.htm. Acesso em 08 abr. 2021.

BRASIL. Decreto-Lei 2.848, de 7 de dezembro de 1940. **Código penal**. Disponível em: http://www.planalto.gov.br/ccivil_03/decreto-lei/del2848compilado.htm. Acesso em 08 abr. 2021.

BRASIL. Decreto-Lei 3.689, de 3 de outubro de 1941. **Código de processo penal brasileiro**. Disponível em:_ http://www.planalto.gov.br/ccivil_03/decreto-lei/del3689compilado.htm. Acesso em 08 abr. 2021.

BRASIL. Lei 11.689, de 9 de junho de 2008. **Altera os dispositivos do Decreto-Lei 3.689, de 3 de outubro de 1941, Código de Processo Penal, relativos ao Tribunal do Júri, e dá outras providências**. Disponível em: http://www.planalto.gov.br/ccivil_03/_Ato2007-2010/2008/Lei/L11689.htm. Acesso em 08 abr. 2021.

CONSELHO NACIONAL DE JUSTIÇA. **O que são crimes dolosos contra a vida**. Disponível em:_

https://www.cnj.jus.br/cnj-servico-o-que-sao-crimes-dolosos-contra-a-vida/. Acesso em 10 fev. 2020.

CUNHA, Rogério Sanches; PINTO, Ronaldo Batista. **Tribunal do Júri: Procedimento especial comentado por artigos**. - 4. ed. rev., ampl. e atual. - Salvador: Ed. JusPodivm, 2018.

LEAL, Victor Nunes. **Coronelismo, enxada e voto**: o Município e o Regime Representativo no Brasil. 7. ed. São Paulo: Companhia das Letras, 2012.

LOPES JÚNIOR, Aury. **Direito processual penal**. - 13. ed. - São Paulo: Saraiva, 2016;

MARQUES, José Frederico. **Elementos de direito processual penal**. Vol.1, 2. ed., Campinas: Millennium, 2000.

ORGANIZAÇÃO DAS NAÇÕES UNIDAS. **Declaração Universal dos Direitos Humanos**. 1948. Paris. Disponível em: https://brasil.un.org/sites/default/files/2020-09/por.pdf. Acesso em 08 abr. 2021.

NORONHA, E. Magalhães. **Curso de direito processual penal**. 19. ed., São Paulo: Saraiva, 1989.

NUCCI, Guilherme de Souza. **Análise da instituição do júri sob a ótica dos seus princípios constitucionais**. Disponível em http://www.guilhermenucci.com.br/artigo/analise-da-instituicao-sob-otica-dos-seus-principios-constitucionais. Acesso em 08 abr. 2021.

NUCCI, Guilherme de Souza. **Tribunal do Júri**. 6. ed. rev., atual. e ampl. - Rio de Janeiro: Forense, 2015.

ROMEIRO NETO. **Defesas penais**. Rio de Janeiro: José Konfino, 1960.

SILVA, Evandro Lins e. **A defesa tem a palavra**. 4. ed., Rio de Janeiro: Booklink, 2011.

TOURINHO FILHO, Fernando da Costa. **Manual de processo penal**. 15. ed., São Paulo: Saraiva, 2012.